中华经典藏书

道德经

〔春秋〕老子 / 著

知书 / 译注

台海出版社

图书在版编目（CIP）数据

道德经 /（春秋）老子著；知书译注. -- 北京：
台海出版社，2020.9（2022.9重印）
ISBN 978-7-5168-2686-7

Ⅰ.①道… Ⅱ.①老… ②知… Ⅲ.①道家 ②《道德经》–译文 ③《道德经》–注释 Ⅳ.① B223.1

中国版本图书馆CIP数据核字（2020）第142281号

道德经

著　者：〔春秋〕老 子		译　注：知 书	

出版人：蔡 旭　　　　　　　　　封面设计：尚上文化
责任编辑：戴 晨

出版发行：台海出版社
地　　址：北京市东城区景山东街 20 号　邮政编码：100009
电　　话：010-64041652（发行，邮购）
传　　真：010-84045799（总编室）
网　　址：www.taimeng.org.cn/thcbs/default.htm
E－mail：thcbs@126.com

经　　销：全国各地新华书店
印　　刷：三河市同力彩印有限公司
本书如有破损、缺页、装订错误，请与本社联系调换

开　　本：880 毫米 ×1230 毫米　1/32
字　　数：165 千字　　　　　　　印　张：7.75
版　　次：2020 年 9 月第 1 版　　印　次：2022 年 9 月第 3 次印刷
书　　号：ISBN 978-7-5168-2686-7

定　　价：49.80 元

前言

　　《道德经》也称《老子》，分为道经和德经两部分。道经为上篇，从一章到三十七章。德经为下篇，从三十八章到八十一章。由形而上的"道"，谈及圣人之道以及修养之道，可以指导我们为人处世，做到与自然和谐相处。

　　老子骑牛出函谷关西去，为后世子孙留下了这部五千多字的著作。他最后到了何方，可以说是一个万古之谜。据文献资料记载，说他往西渡过流沙，过了新疆以北，一直过了沙漠，到西域去了，最后不知所终。是往中东或印度去了？这是万古之谜，没有确切答案。

　　天地、圣贤、众生，纷纭错杂。人是哲学的永恒主题。哲学必须从认识自我开始。要想解放人类，须先解放人的心灵，这是老子的圣人之道，也是老子哲学的最大特点。

　　唐朝时，由于统治者的推崇，道家开始兴盛，道教也成了国教。《道德经》一书，成为道教三经之首，道教三经即《道德经》《老子》《南华经》（《庄子》）与《冲虚经》（《列子》）。

　　唐宋以后，儒释道三家成为中国文化的主流。这三家中，佛家偏重于出世。儒家以孔孟之学为旨要，偏重于入世。道家则在出世、入世之间，两者灵活变通。理解了这个精神，可以更好地发挥老子思想的妙用。道在天边，也在眼前。"道"的作用，遍及日常生活的角落。

最能代表道家思想的是老子，对之加以发扬光大的则是庄子。庄子所著《南华经》。其中论辩之理，包括政治、军事、经济、教育等方面，乃至修身处世之道等，都有所进一步阐发。

五千年来的中国传统文化，道家的老庄之学有着举足轻重的地位。清代纪晓岚对道家学术评之为"综罗百代，广博精微"。认为道家思想包罗众多，精细玄妙，涵盖了中国数千年文化的精髓。

因其深邃的哲学思想，老子被称为"中国哲学之父"。庄子因为发扬了道家思想，和老子并称"老庄"。老庄所代表的道家学说，深刻影响了中国哲学的发展。其与儒家思想以及佛家思想，构成了中国传统思想文化的内核。

《道德经》一书包含了大量的朴素辩证法观点。老子以"道"解释万物的演变，认为客观规律具有"独立不改，周行而不殆"的永恒意义。一章中所说的"道"，可以说是宇宙观和认识论。这一个"道"字，可以说涵盖了中国的种种哲学和宗教观念。

本书分为原文、注释、译文，以及解读文章。原文按照通行的王弼本，结合它本取长补短。注释力求详尽，译文则尽量保持朴实，直译意译结合。力求能使人们读有所获，读有所思，在获得知识的同时有所启迪，以领略《道德经》的大旨意趣。

目录

CONTENTS

目录

目录

一章　论道

道可道①，非常道；名可名②，非常名。

无名③天地之始，有名④万物之母⑤。故常无欲，以观其妙⑥；常有欲，以观其徼⑦。

此两者同出而异名，同谓⑧之玄⑨。玄之又玄，众妙之门⑩。

▶ 注释 ◀

①道可道：可以说出的道。前面的"道"是名词，指宇宙之源，引申为规律。后面的"道"是动词，说出、讲述的意思。②名可名：可以说出的名。前面的"名"是名词，指道的形态。后面的"名"是动词，说明的意思。③无名：天地产生之初的混沌状态。④有名：天地产生之初，万物有了形体时的状态。⑤万物之母：万物之源。母，根源。⑥妙：微妙。⑦徼（jiǎo）：边际、端倪。⑧谓：称。⑨玄：玄妙深远。⑩众妙之门：天地万物变化的途径。

▶ 译文 ◀

可以说出的"道"，不是永恒之"道"。可以说出的"名"，不是永恒之"名"。

"无名"，天地混沌未开之际的状况；"有名"，万物产生之初的命名。因此，要常从"无"中去领悟"道"的奥妙；要常从"有"中去认识"道"的端倪。"无"和"有"，来源相同而名称不同，可以称之为玄妙深远。玄妙深远，是洞悉天地万物变化的途径。

"道"与"名"

"道可道,非常道;名可名,非常名。"道,可以讲述的,不是永恒之道;名,可以说出的,不是永恒之名。"常"本为"恒",为避汉文帝刘恒名讳,才改为"常",延续至今。所以,原文应是"道可道,非恒道;名可名,非恒名"。

"道"与"名"这两个概念,是贯通全书的线索,也是千古以来,理解老子思想的关键。什么是"道"呢?它只可意会,难以言传。只有慢慢体会,才能领悟。若说出来,那就不是"道"了。"道"究为何物,关联到全书主旨,然而众说纷纭,很难下一个准确定义。

关于"道"字,古汉语常见解释如下:一指道路。《说文》:"道者,径路也。"二指抽象的规律,包括人类社会的法则。《左传》:"天道远,人道迩。"三指宇宙本源。《易经》:"一阴一阳之谓道。"

本章中的"道",指宇宙万物之源。"道"是万物之所由来,是一种形而上的永恒存在。混沌之初,"道"悬于虚空,无所见亦无所闻。可谓玄妙幽微,深不可测。所以,以言语来讲述"道",并不能说明"道"的本质。事实上能够说出的,不过是细枝末节,并非完整而又永恒的道。用言语来称呼"名",虚空之中也没有什么可说的。所能说的不过是"道"之表象,并非永恒的"名"。语言文字,只是意象的表述。"道"却是所有意象之源。要想对它确切命名、下个定义是困难的。

可见,"道"是宇宙之源,是基础,是本体,代表着最终、唯一、绝对。没有任何事物可以离开"道"而存在。不论万物如何变化,或消或长,"道"不会受到任何影响。

老子悟"道"之后，发现"道"不能说，"强字之曰道"，勉强称之为"道"。这个宇宙之源的真实存在没有名字，却可以体验可以觉悟。"道"一经界定落实，就成为"名"。所谓的"名"都是相对的，绝对的"名"不能称为"名"。

老子提出"道"这个概念，作为自己哲学体系的核心。"道"孕育了天地万物，但不可用语言来说明，而是玄妙深远。它的含义博大精深，从不同的角度解读，会有不同的理解。

有人认为"道"是一种物质，是构成万物的元素；有人认为"道"是一种精神，孕育万物的本源。韩非子在《解老》中说："道者，万物之所然也。万理之所稽也。理者成物之文也。道者，万物之所以成也。故曰道，理之者也。"从唯物方面来阐述"道"。汉代王充也认为"道"是唯物的。从汉末到魏晋，产生了"玄学"，人们体会老子"天下万物生于有，有生于无"的妙义，肯定宇宙本体只有一个"无"。佛学传入中国后，玄与佛合流，对"道"的解释，便倾向唯心论。宋明理学家对"道"，仍做唯心论的解释。

不管唯心还是唯物，总之，"道"是运动变化的，而非静止的。宇宙万物包括自然界、人类社会和人的思维等一切运动，都遵循一定的规律而发展变化。

二章 有无相生

天下皆知美之为美，斯恶已①；皆知善之为善，斯不善已。

故有无相生②，难易相成③，长短相较④，高下相倾⑤，音声相和⑥，前后相随⑦。

是以圣人处无为⑧之事，行不言⑨之教。万物作焉而不辞⑩，生而不有⑪，为而不恃⑫，功成而弗居⑬。夫唯弗居，是以不去⑭。

▶ 注释 ◀

①斯恶已：就显出了丑。斯，就，则。已，句末语气词，表肯定。②相生：相互依存。③相成：相反相成。④相较：相互比较。⑤相倾：对应而存。倾，依靠。⑥相和：相互应和。⑦相随：相互跟随。⑧无为：不妄为，顺应自然。⑨不言：不用言辞，不用政令。⑩不辞：不为始。⑪有：占有。⑫恃：自恃。⑬居：居功。⑭是以不去：以是不去。去，离。

▶ 译文 ◀

天下的人都知道什么是美，也就有了丑；都知道什么是善，也就有了恶。

所以，有无对立而生，难易相反相成，长短对比而显，高低对照而存，音声相谐而和，前后相随而至。这是宇宙万物永恒之道。

因此，圣人用"无为"的方式对待世事，用"不言"的方式教化众生。听凭万物兴起而不干预，生养万物而不占有，孕育万物而不自恃，功业成就而不自居。正因为不居功，所以功绩永存。

难易相成

"天下皆知美之为美，斯恶已；皆知善之为善，斯不善已。"天下的人都知道美之为美，也就有了丑；天下的人都知道什么是善，也就有了恶。

美与善是人们极力追求的境界。中国上古文化指导人生的哲学思想是要求人们的言行达于至善至美的境界。这一点，从诸子百家的学术思想之中，可窥一斑。然而，美与善不可刻意追求，更不可拿它标榜。有了执着之念，就远离了本体。

"故有无相生，难易相成，长短相较，高下相倾，音声相和，前后相随。"所以，有和无，在对立统一中产生。难和易相反相成。长短通过比较才能显形。高低相倾而自然归于平等。音乐和声音相互应和，前后相互跟随。

"相生、相成、相较、相倾、相和、相随"，是指各种事物相比较而存在，相依靠而生成。一切事物都是在相反的关系中体现相成的作用，相互对立之时又相互依赖和补充。所以在处理事情时要善于加以运用。

比如难易相成。做事要从容易的地方下手，循序渐进，难事也就容易解决了。图难于

二章　有无相生

易是成功的要诀。对于困难的事，要学会用简单的思维去考虑，用简单的方式去处理。不仅难易相成，高低也是相倾。"木秀于林，风必摧之。"名高位显，难免有不虞之誉。爬得越高，摔得也会越重。天地万物，总是纠结在一起，不可断然分开，人事也是如此。谈"高"，不能没有"低"；谈"长"，不能没有"短"。这就是事物之间对立统一的关系。

三章　不尚贤

不尚贤①，使民不争；不贵难得之货②，使民不为盗；不见可欲③，使民心不乱。

是以圣人之治，虚其心④，实其腹；弱其志⑤，强其骨。常使民无知无欲，使夫智者不敢为也。为无为⑥，则无不治。

▶ 注释 ◀

①尚贤：崇尚贤能。②不贵难得之货：不以难得之货为贵。③不见可欲：不显露诱发贪欲的东西。见通"现"。④虚其心：使内心虚静。⑤弱其志：削弱意志。⑥为无为：以无为的态度处世，以自然之道治理天下。

▶ 译文 ◀

不推崇贤能的人，使人民不争名利。不看重稀有之物，使人民不去偷盗。不显露引起贪欲的东西，使人民的心性不被扰乱。

所以，圣人治理天下，使人民内心虚静，满足人民的温饱，弱化意志，增强体魄。使人民处于无知无欲的境界，不执成见，不生贪欲，这样，那些自作聪明的智者就不敢任意妄为。以"无为"的态度处理家国之事，那么天下就可以得到全面的治理。

使民不争

"不尚贤，使民不争。"老子生活的春秋时代，井田制逐渐瓦解，社会开始动荡不安。各诸侯国为了称王称霸，都大力招贤纳士。那时的"士之贤者"，即有才识有能力的人，普遍受到重视。"尚"，是推重之意。凡是才智之士，统称为"贤者"。

崇尚贤才、举贤用能，本是先秦诸子共同的主张，老子虽无否定贤才的意思，但却一反当时的风尚，主张"不尚贤"，这是因为他认为使用贤能固然是好事，但会使人民追逐名利，进而扰乱人的自然本性。因此主张不尚贤，不专门给予贤能之人特别的权势地位，使人们削弱争夺名利的欲望。

孔子虽不推崇贤者，却标榜"君子"。孟子则说"贤者在位，能者在职"，提出贤者与能者的重要。"得贤则昌，失贤则亡"，是万古不易的定则。文王任用姜太公，得到周室王朝。刘备三请诸葛亮，才有了蜀汉政权。贤才是这样重要，然而"尚贤"是否就是好事呢？显然不是，至少老子不主张。因为"尚贤"是引起人们争斗的渊薮。

"贤者"越多，天下就会越乱。而且，"贤"与"不贤"并没有确定的标准。"白石似玉，奸佞似贤。"大奸大恶，也可能像是贤人。所谓的贤者往往自负才智，睥睨一世；或机巧奸诈，巧为文饰；或结党营私，排斥异己。

争名夺利，钩心斗角，是人性的卑劣所在。其实，对于贤才而言，不用"尚"也能得志。"尚贤"往往是"害贤"。而欲海横流，就物质而言，黄金珠宝往往引发偷盗之心，有人难免做出铤而走险的事。诱发欲望的东西越多，人心就越混乱。

"不贵难得之货，使民不为盗。"对于难得之物，不要看得太重，便可使民不生盗心。"不见可欲，使民心不乱。"不显耀那些能够诱发贪欲的东西，人民的内心才不会惑乱。人性本是淳朴自然的，社会日益发展，各种"可欲"之物扰乱了人的内心，使人们争夺名利、盗取财物、心旌惑乱。

对于名利权势乃至物质，人们都有占有心和支配欲。虽是贤者也难避免。司马迁说"君子疾没世而名不称焉"，又说"天下熙熙皆为利来，天下攘攘皆为利往"。人的欲望是永远没有止境的。"名利本为浮世重，古今能有几人抛？"

魏晋以后，儒、释、道三家汇成中国文化的主流，轻视物欲乐天知命的生活态度，普遍生根。宋代程明道"座中有妓，心中无妓"，是后世儒者所赞扬的至高境界。乃至朱熹"世上无如人欲险，几人到此误平生"，似乎都是切合老子的"不见可欲，使民心不乱"的名言。

四章　道冲

道冲①而用之②或③不盈④。渊兮似万物之宗。挫其锐，解其纷，和其光，同其尘⑤。

湛兮⑥似或存。吾不知谁之子，象帝之先⑦。

▶ 注释 ◀

①冲：也写作"盅"。引申为空虚。②用之：指万物都在使用"道"，靠它生长、运动和变化。③或：语气词，用于否定句中加强否定。④盈：满，穷尽。⑤挫其锐，解其纷，和其光，同其尘：这四句见于五十六章，被认为是错简重出。⑥湛兮：深沉，隐秘。形容"道"无形无象、深透难测的状态。⑦象帝之先：好像在天帝之前就出现了。

▶ 译文 ◀

"道"是空虚而不可见的，它的作用却无穷无尽。它是那样幽深莫测，好像是万物的主宰。它消磨了棱角，化解了纠纷，蕴含着光明，混同于尘埃。

它是那样幽深而隐秘，无形又无迹，似无而实存。不知道是从哪里来，似乎在有天帝之前就已存在。

和光同尘

"道冲而用之或不盈。渊兮似万物之宗。"冲，虚。冲是虚空，是谦虚，是虚而不满，与"盈"相对。道冲，指道是虚空而没有形体的。"道"是宇宙万物的根本，"视之不可见，听之不可闻"，无形无象，不可捉摸，因此用表示虚空的"冲"来形容，绵绵不绝，生生不息。也可以理解为做事情不偏执一端，灵活空泛。

"用之或不盈"，指"道"的作用不可穷尽，无始无终。老子认为，"道"是一个无限的存在、永恒的绝对体，它不断地生养着万物，在运动中体现自己的存在。万物有生有灭，"道"却永远不会消逝，永远没有穷尽的时候。

所以，"道"的境界是虚空的，它的妙用永无止境。"道"的妙用在于谦冲不已，犹如来自远处的溪流，涓涓不休，汇成无底之渊，永远没有满盈，似乎是万物之源。虚而有物，就像心灵的世界，虽然不能直接感知，但内心的遐思可以自由翱翔，快乐无边。渊，深远之意。在浩瀚无际的道境之中，蕴藏着天地万物的本原。

"挫其锐，解其纷，和其光，同其尘。"锐，锐气。纷，纷扰。尘，指现象世界，相对于本质世界而言。能够做到冲虚而不盈，自然可以顿挫坚锐，化解纷扰。周流不息于若存若亡之间。

道家讲究炼气或养神，要求做到冲虚谦下，纯任自然，不盈不满，来而不拒，去而不留，应物无方，不留痕迹。凡有太过尖锐，特别凝滞的心念，便须顿挫而使之平息。纷纭扰乱的思绪，也须及时开解。如此修养纯熟，保持澄澈自然，可与世俗同流而不合污，若存若亡，自掩光华而周游于尘境有无之间。

畅游于道的境界，彻悟人生真谛，获取大智慧，消除锐气与妄念，一切纷争都得以解决。为人处事，一切不为太过。此心此身，始终是"用之或不盈"。以合于"道"的观点看待世间一切，喜怒悲欢得以调和，不论美丑善恶、荣辱贵贱，取而代之的是不卑不亢，是清醒觉悟。

五章　天地不仁

天地不仁，以万物为刍狗①；圣人不仁，以百姓为刍狗。

天地之间，其犹②橐籥③乎？虚而不屈④，动而愈出。多言数⑤穷⑥，不如守中⑦。

▶ 注释 ◀

①刍（chú）狗：古人用草扎成的狗，用以祭祀天地神灵。②犹：如同。③橐籥（tuó yuè）：风箱。包括皮囊和送风管。④屈（gǔ）：竭尽，穷尽。⑤数：通"速"，加快。⑥穷：困穷。⑦守中：守"冲"，坚守内心虚静。

▶ 译文 ◀

天地对待万物无所偏爱，任其自然生灭。圣人对待百姓无所偏爱，任其自然生长于天地之间。

天地之间，不正像风箱一样吗？虽然空虚却不会穷竭，运行之中生化不息。言语太多会加速失败，不如坚守内心的虚静。

守虚执中

"天地不仁，以万物为刍狗；圣人不仁，以百姓为刍狗。"天地无所偏爱，对待万物像对待用草扎的狗，任其自生自灭。圣人无所偏爱，对待百姓也像对待用草扎的狗，任其自作自息。老子认为，"道"是无为的，天地间的一切事物都是自然生死寂灭。世上并不存在什么神灵之类的主宰。天地只是自然的存在，不会对某物有所偏爱。

"常无欲，以观其妙；常有欲，以观其徼"，"道冲而用之或不盈。渊兮似万物之宗"，是体察"道"的本体。这里是将"道"的作用延伸到万物相处之道，以及治国之道，是"道"在不同层次的不同表现。

刍狗，草扎的狗，祈祷祭祀所用。狗是"六畜"之一。上古祭祀用狗肉。后来，改为用草扎的狗，祭祀用完就抛弃了。人们把草做成狗，并不对它有所偏爱或重视；祭祀完了就扔掉，也不是对它特别仇恨或轻视。

仁，仁义。春秋战国时期，各诸侯国互相争雄，连年发动不义之战。诸子百家号召仁义，要为政者以"仁义"治天下。但这"仁义"作为政治口号可以，真要具体落实实在是个难题。对百姓来说，这口号并无实际意义。宋襄公讲究仁义，在战争中不擒二毛，不出击渡河才一半的军队，其实是迂腐之论，只会沦为笑柄。意指众生佛性平等。因此，老子叹息"大道废，有仁义。慧智出，有大伪"。

由此看来，"不仁"是老子对自然的基本看法。"天地不仁"，本是自然之道。天地生养万物，本是无心，故无所偏爱。"以万物为刍狗"，并不是出于仁爱之心而生万物，而是任其生长消亡。从天地的立场，视万物与人类，何尝有分别，有偏爱呢？

所以，圣人所为也无偏爱之心，而是效法自然对待百姓。事实上，号召以"仁义"救世者，不过徒托空言，以逞一己私欲。标榜"仁义"者，往往以自我为中心，以权代法百姓遭殃，这其实是最大的不仁。历代帝王创业之时，或许以仁义为口号，等到了身居皇位之后，便以百姓为"刍狗"，任其生死寂灭。

庄子在《天运》篇中对此有所阐释："仁义，先王之蘧庐也，止可以一宿，而不可以久处，觏而多责。"人们拿来彰显的仁义，不过是先王治理国家的一种观念，就像临时居住的旅舍，只可以住一个晚上，不能拿来当成教条使用。住的时间长了，就会受到责备。庄子并不反对仁义，但他认为仁义之上还有一个更高的理念，那就是"道"，也就是终极真理，也就是"天无私覆，地无私载"的大爱无疆。

"天地之间，其犹橐籥乎？虚而不屈，动而愈出。多言数穷，不如守中。"天地之间，岂不像是一个大风箱？它空虚而不枯竭，鼓风越多，越是生生不息。政令繁多反会使人困惑，不如保持恬淡虚无，内心虚静。

老子为了说明"道"之公平，指出大地万物生灭变化，并不是有谁主宰，有意为之。万物秉承自然而生，乘虚而来还虚而去。物质世界就像一个大的风箱，因为各自受到外力的作用，在永不停息的变动中循环旋转，相互作用。

六章 谷神不死

谷神①不死②，是谓玄牝。玄牝③之门④，是谓天地根。绵绵若存⑤，用之不勤⑥。

▶ 注释 ◀

①谷神：生养万物之神，指"道"。谷，通"榖"。《尔雅·释言》："榖，生也。"《广雅·释诂》："榖，养也。"②不死：永恒存在而不消亡。③玄牝（pìn）：本指雌性兽类，这里指孕育生养天地万物的母体，即前面所说的"道"。④门：比喻造化天地万物之源。⑤绵绵若存：绵绵不绝好像永远存在。⑥不勤：不尽。

▶ 译文 ◀

生养宇宙万物的"道"是不会死的，它永恒长存，就是无比幽深的生育之源。通向这个无比幽深的生育之门，就是天地万物的根本。它绵延存在而又若有若无，它的作用无穷也无尽。

玄牝之门

这一章承接上文，以"谷神"和"玄牝"为喻，指出"道"为万物之母的特征。

"谷神不死，是谓玄牝。"谷，指山谷。两山之间空灵虚无，好像什么也没有。看似中空而无物，其实是空中生有。为什么叫"谷神"呢？因为它生生不息，看似虚无，其实蕴藏神奇的妙用。

　　谷，生养的意思；神，指"道"之神妙。由于"道"能生养天地万物，却没有形体、深妙难识，故称之为"谷神"。玄，也写作元，起始之意。形容事物微妙难知、幽深不测的状态。牝，指雌性动物的生殖器。玄牝，即万物起始之源，就像山谷之中空无一物，却有所涵盖包容。

　　"道"具有不可思议的生殖力：创造了世间万物，却没有痕迹可循。正因其虚无空灵，所以生生不息，永恒不死。"谷神不死"，体现出"道"的永恒性。"玄牝之门"说明"道"的生生不息。似静实动，似虚而实，善加把握，则会妙用无穷。

　　"玄牝之门，是谓天地根。"在空灵虚无之中而生妙有，便是天地万物生命源泉的根本。虽然中空无物，却是产生宇宙万物的起始。

　　"道"在天地之先，用"谷"说明"道"的既虚又实；用"神"比喻"道"孕育宇宙万物的绵延不绝。用"玄牝之门"比喻"道"是产生天地万物的途径。

　　"绵绵若存，用之不勤。"意思是说"道"的运转延绵不绝，用之不尽。勤通"盡"字，尽的意思。绵绵若存，沿流不止。形容"道"的玄妙深远，因应无穷，永不枯竭，永不停息。这是一种在无限的空间支配万物发展变化的力量，其作用无处不在、无穷无尽。这种支配万物发展变化的力量，其实就是对立统一规律。

七章　天长地久

天长地久。天地所以能长且久者，以其不自生①，故能长生②。是以圣人后其身而身先③，外其身而身存④。非以其无私邪⑤？故能成其私。

▶ 注释 ◀

①不自生：不为自己而生。②长生：长久存在。③后其身而身先：因为把自己放在后面反而能够居先。后，以其身为后。④外其身而身存：因为把自己置身事外反而保全自身。外，置之度外。⑤邪（yé）：通"耶"，助词，表疑问。

▶ 译文 ◀

天地长久。天地之所以能够长久存在，是因为它不为自己的生存而运行，所以能够长久。

因此，有道的圣人遇事谦退无争，把自己放在后面，反在众人之中领先；将自己置之度外，反能保全自身。这不正是因为他的无私吗？正是因为他的无私，所以成就了他的理想。

以退为进

本章讲述修身之道，反映了老子"以退为进"的哲学思想。天地之所以能够长久，是因为其"不自生"。圣人之所以能够"身先"，是因为"后其身"；之所以"身存"，是因为"外其身"；之所以能"成其私"，是因为"无私"。这便是矛盾对立双方转化的规律。

"天长地久。天地所以能长且久者，以其不自生，故能长生。"天地之所以能够长久，是由于它不为自己的生存而运行，所以才能长久存在。

"是以圣人后其身而身先，外其身而身存。非以其无私邪？故能成其私。"圣人由于忘我而功成。圣人，指有道的人。圣人把自己放在后面，结果反而能够占先，得到别人的爱戴。把自己置之度外，反而能够生存。老子以天地的运作来比喻圣人的无私，不优先考虑自己的利害，结果反而赢得尊重，成就了自己的理想。

天地是客观存在的，由"道"而生，并遵循"道"的规律而运行。老子认为，为人处世在具体问题上的具体运用，也要遵循自然之道。圣人是处于最高地位的理想状况下的统治者，对他而言，"道"既要用于齐家治国，又要用于修身养性，要切实效法天地的无私无为。对天地来说，"以其不自生，故能长生"。对圣人来说，"非以其无私邪？故能成其私"。这其中包含有辩证法的因素，不自生故能长生；不自私故能成其私，说明对立着的双方在互相转化。

由"天地不仁，以万物为刍狗"，到"多言数穷，不如守中"，再到"谷神不死""用之不勤"，说明天地万物自然而生的道理。老子的天地"不自生"与《阴符经》的"天之至私，用之至公"，是说天地长久而生万物，是因为天地与万物本是一个整体，生死只是表象，天地并不随万物生死而变动，它无形无相，永恒存在。

八章　上善若水

上善①若水。水善利万物②而不争，处③众人之所恶，故几于道④。

居善地⑤，心善渊⑥，与善仁⑦，言善信，政善治⑧，事善能⑨，动善时⑩。

夫唯不争，故无尤⑪。

▶ 注释

①上善：最好的善。②善利万物：善于滋润万物。③处：处在，居于。④几于道：接近于道。几，接近。⑤居善地：居住善于选择地方。⑥心善渊：内心深沉宁静。⑦与善仁：交往善良之人。⑧政善治：为政善于治理国家。⑨事善能：做事善于发挥特长。⑩动善时：行动善于把握时机。⑪无尤：没有过失，不犯错误。

▶ 译文

最好的"善"像水一样。滋润万物而不争，总是处于人们所厌恶的地方，这接近于"道"的特点。

居处善于选择，存心幽深而明澈，待人真诚友爱，言行如一讲信用，为政精于治理，做事发挥特长，行动把握时机。

正因为有不争的美德，所以没有过失，不犯错误。

利万物而不争

"上善若水。水善利万物而不争，处众人之所恶，故几于道。"上善，最好的善。若水，像水一样。水居于低处，具有柔和宁静、滋润万物而又不与万物相争的特性，甘心处于众人所厌恶的地方，这几乎和"道"的特点完全一致。

"上善若水"，其实是要人们效法自然之道，做到如水一样无私忘我、有所包容。在《道德经》中，常以"水"比喻有品德的人，像水一样滋养万物而不争。只求有利于人而不辞劳苦，自居低处永不占据高位，更不会把持要津。

圣人自居下流，包容一切。"处众人之所恶，故几于道"，以成大度能容的美德。水的特点是柔和、利万物而不争，最接近"道"虚静守柔、作而不有、为而不恃的特点。可见，老子心目中水的地位是极高的。如同一副对联"水唯能下方成海，山不矜高自及天"。

在这里，老子提取了水与物不争的善性，对水加以赞美，来说明它几乎近于道的修为。进一步指出，有道的"圣人"也应该持有这种心态与行为，像水一样柔和而又通顺。只求有利于人而不与人争，甘愿身处卑微之地，做别人不愿做的事。可以忍辱负重，任劳任怨，尽自己所能去帮助别

人，不与别人争夺名利，这就是"善利万物而不争"。

"居善地，心善渊，与善仁，言善信，政善治，事善能，动善时。"这七个并列排比句，都是"水德"的具体描绘，也是"圣人"应有的品格。

水德是近于道的。清代王夫之认为："五行之体，水为最微。善居道者，为其微，不为其著；处众之后，而常德众之先。"滋润万物而无取，甘心留在洼地。不争，无私，便是水的特点。

老子谈水，除了特别提出它与物无争，谦下自处，又一再强调，要做到如水一样，善于自居于卑微之地，善于容纳百川之深渊，行为同水一样助长万物，说话如水一样诚信，立身处世像水一样平正，做事像水一样融通。把握机会，及时而动，像水一样随时势而动。最后就会与世不争，永无祸患而安然无忧，犹如天地之道，达到"无私"的妙用。

九章　持而盈之

持而盈之①，不如其已②。揣而棁之③，不可长保④。金玉满堂，莫之能守。富贵而骄，自遗其咎⑤。功遂⑥身退，天之道⑦。

▶ 注释 ◀

①持而盈之：把持而使之盈满。持，把持。②不如其已：不如适可而止。已，停止。③揣而棁之：捶打使之锐利。揣，捶打。④长保：长久保存。⑤咎：灾祸。⑥功遂：功业完成。遂，成。⑦道：指自然规律。

▶ 译文 ◀

把持而使之盈满，不如适可而止。捶打而使之锋利，不能保持长远。金玉满堂，没有谁能守住。富贵骄横，只会留下祸根。成就了功业，就当退位收敛，这是应该奉行的自然之道。

功成身退

这一章讲为人之道，主旨在于写"盈"。要留有余地，不把事情做得太过，不被胜利冲昏头脑。老子认为，不论做什么事，都应适可而止。锋芒毕露，富贵而骄，居功贪位，都是"持盈"的表现，结果难免倾覆，招致祸患。

"持而盈之，不如其已。"手拿盛满水的容器，不如适可而止，保持现有的状态。不安现状往往得不偿失，能否持盈保泰，要看各人的智慧。若对自然之道有所认识，将已有的条件善加利用，就能满足基本的需要，可能还有余裕。如果放纵欲望，追求永无止境的满足，必定招致无限苦果。还不如寡欲、知足，就此安于现实，便是最好的解脱自在。

"揣而锐之，不可长保。""揣"，比喻突出、尖锐的东西。如果已经很锋利了，但还不满足，要在锋刃上更加一重锐利，俗谚"矢上加尖"，那么原有的锋刃就很难保了。对聪明、权势、财富等，都要知足常乐，量力而行。如果不知谦虚退让，不知适可而止，终归不能长保而自取毁灭。

"金玉满堂，莫之能守。富贵而骄，自遗其咎。"金玉满堂，没有几个能守得住的。身在富贵之中却仍不满足，持富而骄，便是和自己过不去，自会招来后祸。

"功成身退，天之道。"成就了功业，就应当从现有的职位退出，也指收敛锋芒。老子在这一章提出了适可而止的忠告。一般人的心理是知进不知退，尤其是当名利正盛之时，更是趋之若鹜。老子以一系列生活中的现象做比喻，道出了知进不知退、善争而不善让的祸害。"功成身退"尤其提得尖锐。他要求人在完成功业之后，不自恃，不据有，不锋芒毕露，不咄咄逼人。他所说的"身退"，并非要人做隐士，而是要人不自我膨胀。

只有淡泊名利，才有可能"功成身退"。老子按照朴素的辩证法思想，指出进退、荣辱、正反等，都会互相转化。处理不好就会招致灾祸。因而奉劝人们不应贪恋权位，应趁早罢手，见好即收。

"功成，名遂，身退，天之道。"这句格言虽然略显低调，却恰恰符合天地自然的运行规律。日月经天，寒来暑往，秋去冬来，无不如此。草木花果，完成了生之使命，便悄然而逝，了无痕迹。若想在不可把握中希望占有，在不可永久中妄图长远，都不会有好的结果。孔孟以及先秦诸子，都推崇尧舜禅位之事，认为值得赞扬，那便是"功成，名遂，身退，天之道"的最好范例。

汉代张良，原本存心"功遂身退"，不肯居功，只自谦退封"留侯"，但最后还是听从了吕后的劝告，仍就服人间烟火。反之，像诸葛亮那样"鞠躬尽瘁，死而后已"，身成绝代之功，较为合算。总之，历史上能"功遂身退"，符合天之道的，确是不多。大多是为名缰利锁牵绊，反而误了此生。

在名利权位面前，没有不心醉神往的，没有不趋之若鹜的。"知进而不知退，善争而不善让"，这是人性的弱点。所以老子告诫人们不可自得自满，成就了功名之后，就应把握好事情的"度"，适可而止。身退不"盈"，才是长保之道。

十章　抱元守一

载①营魄②抱一③，能无离乎？专气④致柔，能婴儿乎？涤除⑤玄览⑥，能无疵乎？爱民治国，能无知乎？天门⑦开阖⑧，能为雌⑨乎？明白四达⑩，能无为⑪乎？

生之、畜⑫之，生而不有，为而不恃，长而不宰，是谓玄德⑬。

▶ 注释

①载：加，持。有人认为是"哉"，应在上一章最后一句末尾。这样本章前六句才统一。②营魄：精神和体魄。③抱一：合一。④专气：集中精气。专，凝聚。⑤涤除：清除。⑥玄览：指一种排除一切物欲障碍之神秘的精神境界。玄，玄妙深远。览，见、观。⑦天门：人体天生的门户，指耳目口鼻等外部器官。⑧开阖：人体感官的运作、变动。⑨为雌：保持柔静。⑩明白四达：通达四方。⑪为：所为。⑫畜：养育。⑬玄德：深远之德。

▶ 译文

精神和体魄和谐统一，能永不分离吗？凝聚精气以至柔顺，能像婴儿那样吗？清除杂念观察心灵，能无瑕疵吗？爱民治国，能无智慧吗？感官运动，能宁静悠长吗？四方的事都知道了，能保持无为的状态吗？

生养万物而不占有，涵盖万物而不主宰，才是深远的德。

修身养性

前六句以疑问的语气，阐述了"道"在修身治国方面的要义。看似是疑问，其实答案就在其中，就是要人们做到"无离""无为""如婴儿""无疵""为雌""无知"。这是"道"对人生各个方面的要求。

实际生活中，人的精神和肉体很难浑融一体。只有将神形合一而不偏离，才是自然之道。"营魄抱一，能无离乎？"指精神和身体合而为一，可理解为人体的气血运行和精神力量融合为一。这个"一"就是"道"，"抱一"即精神与体魄统一于"道"，达到和谐的状况。

"营"指人体气血和养分，指物质实体。"魄"指精神，比如常用的词语气魄、魄力，都是说人的精神。人身承载"营""魄"，随时都在使用，却很难使之和谐相处。道家讲究炼气养神。把神比喻为龙，把气比喻为虎。终极目的不过是使二者合一。

思绪过多会使精神困扰，劳力奔波会使气血涣散，以致不能持盈保泰。老子认为，人体若能"营""魄"合一，便是最佳的养生之道。因此说"载营魄抱一，能无离乎？"精神和身体，能永不分离吗？

"专气致柔，能婴儿乎？"集中精气、排除杂念，达到一种宁静柔顺的状态。"专气致柔"是说修养到婴儿的状态。利用气息而修炼精神，无非是要"心息相依""心气合一"。

婴儿是老子经常使用的概念，指心灵处于自然柔顺、平和宁静的状态，无私无欲，纯真质朴。这也是应该追求的"道"的境界。

"涤除玄览，能无疵乎？"玄，指微妙难识。览，指见、观。心灵深处的镜子，能没有瑕疵吗？老子将人的心灵视为"玄览"，认为能洞察世事，虽然无形却玄妙幽深。所以，修身养气有了成就，还要澡雪精神继续修炼，"曲成万物而不遗"，才能返还本初，合于自然之道。方可心如明镜，照见万象。物来则应，过去不留。洞察先机，而心中丝毫不为物累。

抱元守一，专气致柔，荡除尘垢，洞彻内心。内养有成，便进入了"内圣"之境。进而可以"外王"，转入用世之道。

"爱民治国，能无知乎？"治身者呼吸精气，无令耳闻也；治国者布施惠德，无令下知也。

"天门开阖，能无雌乎？"天门，指人体的自然门户，即目、耳、口、鼻等人体外部器官。开阖，上述感官在运作时的动静。即进行视、听、言、嗅等生理活动，能保持安静柔弱吗？雌，代表柔弱宁静。

"明白四达，能无为乎？"洞悉世界，明白天下事理，能够不用智慧吗？然则智慧和顺其自然是有区别的。所以说，大道常常是顺其自然无为，不做违背规律之事，如果君主能守住大道，顺其自然，则万物将自我变化，百姓将自我管理约束。

"生之、畜之。生而不有，为而不恃，长而不宰，是谓玄德。"任凭万物生长、繁殖。生养万物而不占有，有所作为却不自居功劳，使万物生长却不加以主宰，这就是深远的德行。由此可见，实行无为而治才是最好的治国之道。

十一章　三十辐共一毂

三十辐①共一毂②，当其无，有车之用。埏埴③以为器，当其无，有器之用。凿户牖④以为室，当其无，有室之用。

故有之以为利，无之以为用⑤。

▶ 注释 ◀

①辐：车轮上连接轴心和轮圈的木条。②毂（gǔ）：车轮中心的圆孔，车轴从中穿过。③埏埴：糅合陶土。④户牖：门窗。⑤有之以为利，无之以为用："有"给人便利，"无"也发挥了作用。有，指物质实体；无，指物质实体中空的地方。

▶ 译文 ◀

三十根辐条汇集于车毂，有了毂中圆孔的空，才有了车的作用。糅合黏土做成器皿，有了器皿的空，才有了盛放食物的作用。开凿门窗建造房屋，有了门窗四壁中间的空，才有了让人居住的作用。

所以，"有"能给人便利，全靠"无"使它发挥作用。

以无为用

"三十辐共一毂，当其无，有车之用。"三十根辐条汇集到车轮的中心，在车毂中空的地方发挥作用，才使车辆得以运行。

辐，指连接车轮和轮轴的辐条。毂，指车轮中心的支点，是一个圆孔形部件，从这里向外周延，连接三十根辐条，外至车

轮，内装车轴。车上承载的负重施于车轴，车轴通过车毂平均分给每根辐条。每根辐条都发挥作用，承担起单根辐条不能承受的力量，形成合力。

这个车轮中心的圆孔，因为是空的，不偏向任何一根辐条，是车轮的枢纽部位，作用十分关键。无，指车毂中空的部分。正因为有了车毂中空的部分，车轴才能在里面转动。车轮由此承载重物，旋转不休，完成任重而道远的任务，进而发挥马车的作用。

这种自然的法则和修身养性的道理相通。"载营魄抱一，能无离乎"，要在中心无物，运作于有无之间。同样，如果施于政治，"爱民治国，能无知乎"，便要如同车毂中心，虚怀若谷，集思广益。

"埏埴以为器，当其无，有器之用。"糅合陶土做成器皿，有了器具中空的地方，才使器皿有了盛放食物的作用。

埏，涅土。埴，黏土。用土烧制陶器，使之中空，用来盛物。不论大小，因为中间是空的，能做到"无"，也就决定了陶器可以盛放东西的使用价值。由此可见，要做到"虚怀若谷"，才符合"道"的玄妙。

"凿户牖以为室，当其无，有室之用。"开凿门窗建造房屋，有了门窗四壁内的空虚部分，才有房屋的作用。

户牖，门窗。可以通气采光。建造房屋，必须有门窗，可以出入自由，同时通气采光。因为房屋中间是空的，所以才能供人居住睡卧，达到房屋的使用效果。

"故有之以为利，无之以为用。"所以，"有"给人便利，"无"发挥了它的作用。无论出世或入世，都要明白道在有无之间的玄妙。懂得这些，才是真能懂得"以无为用"的法则。

十二章　五色令人目盲

五色①令人目盲②，五音③令人耳聋，五味④令人口爽⑤，驰骋畋猎⑥令人心发狂，难得之货令人行妨⑦。

是以圣人为腹不为目⑧，故去彼取此⑨。

▶ 注释 ◀

①五色：自然界五种基本色彩，即青、黄、赤、白、黑，泛指多种颜色。②目盲：比喻眼花缭乱。③五音：古代音乐的五个基本音阶，即宫、商、角、徵、羽，泛指多种音乐。④五味：五种基本的味道，即酸、甜、苦、辣、咸，泛指多种味道。⑤口爽：口病。爽，伤。比喻味觉失灵。⑥畋猎：围猎。⑦行妨：妨害操行。妨，伤害。⑧为腹不为目：只求温饱安宁，而不纵情声色。腹，简朴宁静。目，巧伪多欲。腹指人的内在基本需求，目指外在的形象或感觉世界，代指前面所说色、音、味、田猎、财货等多种引发欲望的事物。⑨去彼取此：抛弃物欲的诱惑，只求基本的温饱。

▶ 译文 ◀

缤纷色彩，令人眼花缭乱；纷繁音乐，令人听觉不灵；丰厚饮食，令人味觉迟钝；纵马驰骋围猎，令人内心疯狂；稀罕器物，令人操行变坏。

因此，有道的人只求安饱而不纵情声色，摈弃物欲的诱惑而安守内心宁静。所以，面对外界的诱惑，要有所取舍。

为腹不为目

"五色令人目盲，五音令人耳聋，五味令人口爽，驰骋畋猎令人心发狂，难得之货令人行妨。"缤纷的色彩，使人眼花缭乱。繁乱的音乐，使人听觉失灵。丰盛的食物，使人舌不知味。纵情狩猎使人心情放荡。稀有之珠玉金银使人行为不轨，妨害德行。

这里，老子告诫人们对于声、色、货、利以及口腹之欲，要加以节制，不要因物质诱惑而迷失自我。并提出对待外物的原则，可以善于利用，而不可以被物质所奴役。

"五色""五音""五味"，为了满足感官需求，忽视内心的渴求，必然是心思枯竭，加速肉体败亡。"口爽"，指舌头的味觉出了毛病。古代医书称"口爽"，多指口腔乏味、食欲不振。贪求口福，满足一时之快，自会生病。行妨，破坏人的操行。老子指出了物欲对人性的损害，提出正常的生活应是"为腹不为目"，但求安饱，不纵情于声色之娱。

骑马驰骋猎取野物，会使人失常狂乱，不能自抑。难得之货，会诱使人心奸诈，行为不端。心灵本是宁静、充实的，内心世界不够丰富，才会不断追求外来刺激和身外之物。人不吃饭会饿死，吃多了会被撑死。好色也是同理，取一水而知江河，入江河则有灭顶之灾。腰缠万贯，每日不过三餐。广厦千间，夜寝不过六尺。

物质世界，靠人的感官来认识。耳目所闻见，口腹所享用，都有一定的局限性。尽管有形世界，风光无限，但过于注重色彩的斑斓，往往会迷失了心灵的家园。人的心灵有一定的承载度。执着于五色世界，忽视了精神世界，就会陷入迷茫、痛苦之中，体会寂寞、孤独的可怕。

"是以圣人为腹不为目，故去彼取此。"因此，圣人但求基本的温饱，而不追逐声色之娱，摒弃物欲的诱惑而保持安定的生活。

"为腹不为目"是一种修身之道。"腹"指肚子，即基本的生活需求；"目"指眼睛，引申为眼睛所见的外部世界。满足基本的物质需求就可以了，不要让外界诱惑打扰内心的安宁。缤纷世界，能够诱惑人心的实在太多，而欲望是永无止境的，难以得到完全满足。

"为腹"，即建立内在的宁静生活；"为目"，即追逐外在纸醉金迷的淫靡生活。而外在的声色之娱越多，心灵就越空虚。只有摆脱外界的物欲，而持守内心的安宁，才能保持心灵固有的纯真。

纵情于声色犬马，即前面所说的五音、五色、田猎，放纵内心的私欲，就会行为放荡而无法自拔，终究带来恶果。所以，圣人抛弃物欲的诱惑，坚守内心的安宁，保持心灵固有的纯洁，不任由贪心、私欲膨胀，随时把握自己的内心。

十三章　宠辱若惊

宠辱若惊①，贵大患若身②。何谓宠辱若惊？宠，为下得之若惊，失之若惊③，是谓宠辱若惊。

何谓贵大患若身？吾所以有大患者，为吾有身。及吾无身④，吾有何患！

故贵以身为天下，若可寄天下⑤；爱以身为天下，若可托天下。

▶ 注释 ◀

①宠辱若惊：得宠或受辱就感到惊恐不安。若，就，则。②贵大患若身：重视大的祸患就像重视身体一样。贵，重视。③得之若惊，失之若惊：得到宠辱感到惊恐，失去宠辱也感到惊恐。④及吾无身：如果我没有自身。及，若，如果。⑤故贵以身为天下，若可寄天下：以自身为贵，是能够寄托天下的关键。寄，寄托，交付。

▶ 译文 ◀

得宠与受辱一样，都会引起内心的惊恐，重视大的祸患，就像重视自身一样。为什么说宠辱会使人惊恐呢？就受到惊恐的程度而言，得宠的时候容易惊喜难安，失宠的时候难免惊慌恐惧，所以宠辱都是对身心安宁的扰动。

为什么重视大的祸患就像重视自身一样？我之所以会有大的祸患，是因为我有自身。如果我连自身也可以舍弃，那我还有什么祸患呢？

所以，能够看重自身并以这种态度看待天下的人，可以把天下交付给他。能够爱惜自身并如此爱惜天下的人，可以把天下托付给他。

宠辱皆惊

"宠辱若惊，贵大患若身。"无论得宠或者受辱，都感觉惊恐不安。重视自身就像重视祸患一样。得到宠幸则会感觉意外，因而战战兢兢，诚惶诚恐，受到侮辱会有伤自尊，变得恼怒。这两种情况都会使独立的人格受到影响。

宠则得意，辱则失意。日常生活中，人们对于宠辱毁誉总是看得太重，甚至看得比自身还重。在老子看来，因荣辱得失而改变自我，是因为太看重名利得失，或惊恐不安或惊喜若狂，种种失态，全是内心的欲望使然。

有荣辱观念，是因为以自身为贵。以自身为贵，就是以大患为贵。以自身为贵，必生名利之心。有名利之心，必生贪念。有了贪念，必有大患。患，即心外之物成串。外物成串，身心岂能不累，岂会安宁？为了身外之物不择手段，祸患能不产生？

"宠辱不惊，看庭前花开花落。去留无意，知天上云卷云舒。"这副对联体现了人们对平淡生活的羡慕之情。其实，经历了绚烂和荣耀，寂灭和卑微之后，才能真切感受到平淡之可贵，平凡之可爱。久历风波，遍尝荣华才能归于平淡。

现实人生，甘于淡泊，知足常乐的毕竟很少。在人际关系上，不因

荣辱而保持道义的，实在很少。"势利之交，难以经远。士之相知，温不增华，寒不改弃，贯四时而不衰，历坦险而益固。"而世人荣辱成败，是非得失往往极为介怀，故而"身宠亦惊，身辱亦惊"，真要做到宠辱不惊，很是不易，那是历经富贵生死，脱胎换骨之后才有的境界。

"宠，为下得之若惊，失之若惊。"得意时受到荣宠，失意时遭遇羞辱。为什么这样呢？正是因为人有身体，而利害得失，总会引发切身之痛，进而宠辱皆惊。受辱而惊，是谁都不愿意的。那么受宠呢？获得丰厚的物质回报或精神奖励，则会令人趾高气扬，到处显摆。

"何谓贵大患若身？吾所以有大患者，为吾有身。及吾无身，吾有何患！"我之所以有大的祸患，是因为有身体存在。大的祸患来自人的身体，因此防止大患，应该先忘记自身。这句话可以理解为贵身思想，即重视自身。

人有七情六欲，以及生老病死。人有大的祸患，是因为人有身体。有了身体，就有了自我。有了自我，因为利益相关，分别心也就出现，烦恼随之而来。

庄子说："虽富贵不以养伤身，虽贫贱不以利累形。"身在富贵安享尊荣，若是保养过分了，反而会伤害身体，对身体不好，所以应该避免因享乐而伤身。身处贫贱奔波劳碌，过分贪求利益，也会损害身心健康，所以应该避免因逐利而累己。只有到了忘我的境界，不贪不恋，无身无我，不以己身为贵，才会不受制约、束缚、拖累。超越了功利、荣辱、得失，乃至生死，哪里还有祸患呢？

十四章 视之不见

视之不见名曰夷①，听之不闻名曰希②，搏之不得名曰微③。此三者不可致诘④，故混而为一。

其上不皦⑤，其下不昧⑥，绳绳⑦不可名⑧，复归于无物⑨。是谓无状之状、无物之象。是谓惚恍。

迎之不见其首，随之不见其后。执古之道⑩，以御今之有⑪。能知古始⑫，是谓道纪⑬。

▶ 注释

①夷：平，灭，即无形。②希：疏，静，即无声。③微：细，即渺小。④不可致诘：不可探究根底。⑤皦（jiǎo）：明亮清晰。⑥昧：昏昧不清。⑦绳绳（mín）：渺茫幽深，无边无际。⑧不可名：不可名状，不可描绘。⑨复归于无物：复归于无形体的状态。无物，并不是空无所有，而是指感官不能感知，不具有任何形象，类似磁场。⑩执古之道：依据自古以来就存在的"道"。⑪以御今之有：用来驾驭当今的具体事物。御，利用、使用的意思。⑫古始：宇宙的开端，"道"的起始。⑬道纪：道的纲纪。纪，纲纪，规律。

▶ 译文

看它却看不见，叫作"夷"。听它却听不到，叫作"希"。摸它却摸不着，叫作"微"。这三者不可推问，也无法加以探究，它是浑融一体的。

它高居于上也不显得特别光明闪耀，低处于下也不显得特别幽昧不清。它渺茫幽远无法描摹，最终回归到无形体的状态。这就是没有形状的状，不见物体的象，叫作"惚恍"。

迎接它却看不见它的前头，跟随它却看不见它的最后。依据早已存在的"道"来驾驭今天的具体事物。能够认识宇宙的起始，返本复初，就是符合自然之"道"的规律。

参玄悟道

这一章描述了道的形象，强调了道的重要作用，重在论道。偏重于哲理的阐述，具有思辨的色彩。

"视之不见名曰夷，听之不闻名曰希，搏之不得名曰微。"视之不见的叫"夷"。夷，平坦之意。听之不闻的叫"希"。希，真实存在。感觉不到的叫"微"。微，细微玄妙。视觉、听觉与触觉，不可探寻它的究竟，因此笼统称之为"混而为一"。道家有"混元一体""混元一气"的概念，大概出自于此。

"此三者不可至诘，故混而为一。"此三者，指视之不见的"夷"、听之不见的"希"和搏之不得的"微"。这是描述"道"不可感知的三种特点。这三者是无法追究"道"的真谛的，看不见，听不到，摸不着，三者融为一体，即道。说它是物，又不同于物；说它不是物，又蕴含宇宙万有，万物皆由它而生。所以"道"是浑融一体的。由于"道"没有确定的形体，感官无从体验，因此难以用语言描述，只能去"证伪"，通过感性经验——否定，从而显示"道"的特征。致诘，究诘，追究。

"其上不皦，其下不昧。""道"的境界清晰明净，高居于天空之上也不特别光明耀眼，低处于下也不特别幽昧昏暗。无法拿具体的景物来比拟，只是一种空虚明暗若有若无的存在。

"绳绳不可名，复归于无物。"如同一条不断扭动的绳子，无法为它命名，不停运动，最后归于无有。其中的"绳绳"，即"玄之又玄"。"玄"的象形字就像首尾衔接，以至无穷的绳索。"是谓无状之状、无物之象。"在物质世界看不到道的本体，只能用心去体会，即"无状""无象"。"是谓惚恍"，飞速旋转，闪烁不定。

"迎之不见其首，随之不见其后。"迎接它却找不到它的开端，追随它却也找不到它的最后。所以，"道"是循环往复、无始无终、周流不息的。

总之，这个"混而为一"的东西，无前后之分，无明暗之别。具有超越时空的性质。似断似续连在一起。没有东西能形容它，也不能用任何事物来比拟。只好称为"惚恍"，不去不来，超越时空。

它本是无始无终的。因此，以无始之始，姑且称之为"古"。"风月无今古，情怀自浅深"，上古不可留，只需把握当今。"执古之道，以御今之有。"领会了"道"的精要，就能以之驾驭今天的具体事物。"能知古始，是谓道纪"，知晓万物的起源并认识其发展变化，这就是"道"的纲纪和规律。

十五章　古之善为士者

古之善为士①者，微妙玄通，深不可识。夫唯不可识，故强为之容②。豫焉③若冬涉川④，犹兮⑤若畏四邻⑥。俨兮⑦其若容，涣兮⑧若冰之将释，敦兮其若朴，旷兮⑨其若谷，混兮其若浊。

孰能浊以静之徐清？孰能安以久动之徐生⑩？保此道者不欲盈⑪，夫唯不盈，故能蔽不新成。

▶ 注释

①士：指懂得"道"的人。②强为之容：勉强来形容。容，描绘，形容。③豫焉：迟疑慎重的样子。④若冬涉川：像冬天涉足江河。冬天过河，即在冰上走，不敢无所顾忌，必如履薄冰，小心慎重。⑤犹兮：警惕戒备的样子。⑥四邻：指周围邻国。⑦俨兮：庄重严肃的样子。⑧涣兮：融和疏脱的样子。⑨旷兮：空豁开广的样子。⑩孰能浊以静之徐清？孰能安以久动之徐生：谁能在浑浊中安静下来，慢慢澄清。谁能在安定长久中变动起来，慢慢产生。⑪不欲盈：不求圆满。盈，满。

▶ 译文

古时候懂得"道"的人，微妙幽深而通达权变，令人难以识别。正因为难以识别，所以只好勉强来形容。他们小心谨慎，像冬天里踏冰过河。警惕疑惧，像随时提防周围攻击。庄重严肃，像是在做客。融和温暖，像冰雪消融。敦厚质朴，像未琢之璞玉。豁达空灵，像深山之幽谷。浑朴厚道，像江水之混浊。

谁能在混浊中安静下来，保持内心澄明？谁能在长久的安定中变动起来，渐渐前进？懂得"道"的人，不求圆满。正因为不求圆满，所以看似保守，却能不断取得成功。

微妙玄通

"古之善为士者，微妙玄通，深不可识。"上古之时，在修道方面有造诣的人，已进入识玄的境界，思想意识和大道相通。这样，他们就有了不为常人所理解的言行，故曰"深不可识"。

这里的"士"，指懂得"道"的人，并不是指普通读书人，学问、品德都要融会贯通，才能称为"士"。"微妙玄通，深不可识"，即达到身心和谐，出世入世，内外兼通的程度。细致深邃而通达，一般人不能认识。"道"是恍惚不可捉摸的存在，而有"道"的人则与俗人不同，不为利欲所制约，因此静定幽深，难以一眼看到底。

到了如此精妙不可言说的境界，便可以冥然通玄，无所不知，无所不晓了。对待万物皆能恰到好处，正如古人所说："圣人无死地，智者无困厄。"面对再恶劣的状况，也不会陷入困境走上绝路。

"玄通"二字，进一步来说，即是修道有成，到了某一阶段，万物皆可以随心所欲，把握在心中。修道有成的人"宇宙在手，万化由心"，意思在此。"通"，处处通达之意，相当于佛家所讲"圆融无碍"。也就是《易经·系辞传》所说："变动不居，周流六虚。"自由驰骋于天地之间，变幻莫测。

"夫唯不可识，故强为之容。"得道有成的人，一般人是看不透的，也没办法确定，因为他已圆满和谐，无所不通。凡是圆满的事物，站在哪一个角度来看，都是令人肯定的。正因为深不可识，所以只能勉强描述一些他的外在形象。

然后老子用比喻的方式，列举了如下几条准则，说明一个得道之人应有的本分，也是人们应该追求的修为标准。

"豫焉若冬涉川。"豫，犹豫，引申为谨慎小心，有所预备。意思是说，善于修道的人，做事不草率，始终谨慎小心，即使进入较高境界，也不表现出半点自满，而是始终小心谨慎，就像冬天踩冰过河一样，以防陷入危机之中。"凡事都从忙里错，谁人知向静中修。"学道的人，为人处事都从容豫逸，表面看来似乎没有作为，实际上却考虑周详，早已做了恰到好处的决定。

"若冬涉川"，就如冬天过河一样。冬天河水结冰，人马经过要特别小心，稍有不慎便有性命之忧，所以要"如临深渊，如履薄冰"。

"犹兮若畏四邻。"善于修道的人，与人相处无门第之分，无荣辱贵贱之分，对人友爱谦诚有加。以礼相待主动示好，以沟通情感，体现的是谦下之德。思虑周详，慎谋能断。对于自己和外界，四面八方都要观察清楚。

"俨兮其若容。"俨，俨然的意思，表明容貌庄重。修道有成的人，态度是严肃的，表情是庄重的。遵循大道，不妄作妄为。待人处世都很恭敬，爱人如己，敬重他人。对人有礼有节，随时随地绝不马虎，不做违背道德的事。这和《中庸》中的"慎独"，有类同之处。

"涣兮若冰之将释。"涣，涣然。有道的人，排除各种恩怨和物质欲望对内心的干扰，焕然若冰雪初融，润泽万物而又和煦温暖。就像孔子那样，"望之俨然，即之也温"，看上去很严肃，接近了相处时，倒觉得很温暖。

"敦兮其若朴"。敦，诚实、忠厚。大道是至诚不移的，有道的人，始终以大道来充实内心，使忠厚之德不断升华。因此，必然是至诚不欺、忠厚朴实的。

"旷兮其若谷"。旷，广阔、空旷。有道的人，境界广阔，能跳出自我的拘囿，放眼于长远的利益。虚怀若谷，豁达空灵。

"混兮其若浊"。混、浊，愚昧的意思。有道的人彻悟大道，胸怀开阔，不会执着于个人名利得失，而是以忘我的精神，为天下之人谋利益。尽管从表面来看，会让人觉得很傻，但其实是更高一层的智慧。

以上七句，是老子对"善为道者"所作的描述。修道有成的人，难以用言语来形容。只好拿山川河谷、朴玉释冰等自然意象来形容类似的境界。

十六章　致虚守静

致虚极①，守静笃②。万物并作，吾以观复③。

夫物芸芸④，各复归其根。归根⑤曰静，是谓复命⑥。复命曰常⑦，知常曰明。不知常，妄作，凶。

知常容⑧，容乃公⑨，公乃王⑩，王乃天⑪，天乃道，道乃久，没身不殆⑫。

▶ 注释 ◀

①致虚极：达到极端的空虚无欲。②守静笃：坚守彻底的清静无为。③万物并作，吾以观复：万物都在蓬勃生长，因此观察到了循环往复的规律。④芸芸：纷繁众多。⑤归根：回归生命之根本。⑥复命：复归本性，指回到虚静的本性。⑦常：事物运动的规律，即永恒的法则。⑧容：包容。⑨公：公平。⑩王：天下归顺。⑪天：天地自然。⑫没身不殆：众生没有危险。殆，危险。

▶ 译文 ◀

使心灵处于极度的虚无，牢牢保持这种宁静。万物蓬勃生长，我由此观察到了循环往复的规律。

万物虽然纷纭繁杂，终究会各自返回根本。返回根本就叫作清静，这种清静就是回复生命之本。回复生命之本，就是把握了生命的永恒规律。把握了生命的永恒规律，就是明白了"道"的运作。不懂得恒常之道，轻举妄动就会引来凶险。

懂得了永恒之道，就能有所包容。有所包容就能公平公正。公平公正就能天下归顺。天下归顺才能符合自然。符合自然，才能合于大道。合于大道就会永久存在，众生也没有危险。

归根复命

本章强调"致虚"和"守静"，讲修身养性的原则和方法。

"致虚极，守静笃。"虚无到了极点，宁静到了极点。使心灵达到虚无寂静的状态，并努力保持这种宁静。老子认为，保持虚静可以明心见性，这是人体应该保持的最好状态。在这种状态下，没有偏执之见，没有利欲的引诱和外界的纷扰。精神集中，心无旁骛。

"万物并作，吾以观复。"万物都在蓬勃生长，观察到了循环往复的自然规律。宇宙万物，山河大地，无时无刻不在变动，生死不息。因此，庄子说"方生方死，方死方生"。刚刚出生的那一刻，就是死亡开始之时。"复"是反顾的意思。观察万物变化，追求生命最初的来源。大千世界，芸芸众生，无一不是要回归木源。"反者道之动"，修道是返回根本，找寻最初的律动，接近生命之源，找回本来面目，以求明心见性。

"夫物芸芸，各复归其根。"万物都有着纷繁茂盛的一面，生生不息。"芸芸"指代草木。道家"芸芸"，佛家"众生"，构成了"芸芸众生"。万物多彩多姿，每个生命皆是依赖这个根本而存。如何寻找这个根本呢？唯一的方法就是致虚守静。

"归根曰静，是谓复命。"虚静到了极点，才能找到生命的本源，回归生命的根本。复命，复归本性，指回到虚静的本性。老子认为，"道"的本质是虚静的，天地万物包括人类皆由"道"而生，因此回归根本便是回到虚静的状态。老子的"复命"思想，对后世哲学思想的发展影响很大。这一思想说明了人性本是虚静淡泊的，后天的种种欲望才使心灵被扰乱。事物是循环往复不断运动变化的。

"复命曰常，知常曰明。"事物的运动变化都遵守循环往复的规则，对这种规则的认识，叫作"明"。找到生命的根本，便能"不生不死"，永远存在。体会到生命根源，就能准确把握万物的规律和方法。"不知常，妄作，凶。"对事物的运动变化规律不了解，轻举妄动就会出乱子。如果不明道的根本，不知生命本来任意妄为，只会引来凶险。

十七章　下知有之

太上①，下知有之②。其次，亲而誉之③。其次，畏之。其次，侮之。信不足焉，有不信焉。

悠兮④其贵言⑤。功成事遂，百姓皆谓我自然⑥。

▶ 注释 ◀

①太上：最好的统治者，指最好的政治。②下知有之：百姓只知有君王的存在。③亲而誉之：亲近并且赞扬。④悠兮：悠闲。⑤贵言：以言为贵。轻易不发号施令。⑥自然：自己如此，本来就是那样。

▶ 译文 ◀

最好的统治者，百姓只知道他的存在。其次的统治者，人民亲近他、赞美他；再次一等的统治者，人民对他有所畏惧；更次一等的统治者，人民轻慢他，侮辱他。统治者的诚信不足，人民才对他不信任。

最好的统治者悠然自得，不会轻易地发号施令。事情办成了，百姓都说："我们本来自己就是这样。"

相处之道

"太上，下知有之。"最好的统治者，不轻易发布政令，人们只能感受到他的存在。

对于国家社会，老子主张"无为之治"，与此对应的是"有

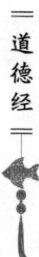

为之治"。"有为"是过分干扰人民，使人民不能安居乐业。比如，发布繁多的政令，又朝令夕改，前后矛盾。这都是不善于统治的行为。

"下知有之"是对"无为之治"的最好诠释。好的领导让人只能知道他的存在。设定细致全面的制度，宽严相济，以人为本，给予员工充分的空间，并解除后顾之忧，既没用漏洞可钻，也不会炫耀争功。好的领导就像是"隐形管理"，人们自觉遵守规章制度，勤恳工作默默前行，在"下知有之"的境界里，各自贡献一分力量。

这是一种最佳的状态，是一种"无为而无不为"的管理模式，做到了这些，就会得到最好的效益，健康向上发展。

"其次，亲而誉之。"再次一点的统治者，不高高在上，能够和人们打成一片，从而得到人们的亲近、赞扬。他们的思想贴近生活，贴近人们的心灵需求，从而获得广泛的感叹和赞美。关系和谐团结，深入了解信息，通过亲身参与形成凝聚力，达成管理目标。

"其次，畏之。"再次一点的统治者，使人们畏惧。如果出了问题，赏罚分明，大家就会畏惧。在领导关系上，和员工之间保持距离，相互疏远，相互畏惧，相互尊敬。领导居高临下，员工唯命是从，不敢有不同意见，不敢有所违抗，不敢向前一步。这样的关系，缺乏了主动性，缺乏了创造力，并不是和谐发展，不利于事业的发展。

"其次，侮之。"再次的统治者，只会得到人们的轻慢。发号施令人民根本不听，或阳奉阴违，一点威信也没有。这是人与人相处的最差境界。领导和员工相互不信任，甚至谩骂侮辱，根本没有合作，产生不了正能量。这样的相处之道，只会带来倒退。

　　"信不足，有不信。"统治者的威信不足，就不会得到人们足够的信任。"悠兮其贵言，功成事遂，百姓皆谓我自然。"这等于说，最好的统治者不轻易发号施令，悠然自得默默无闻，即使功成事遂，从不自我炫耀。等到事情都办妥了，人们就说"本来就应该这样的"，有所成就也习惯成自然，说这本来就合于自然之道。

十八章　大道废

大道^①废，有仁义；智慧^②出，有大伪^③；

六亲^④不和，有孝慈^⑤；国家昏乱，有忠臣。

▶ 注释

①大道：指自然法则。②智慧：指智谋、巧思。③大伪：虚伪奸诈。④六亲：指父母兄弟妻子。⑤孝慈：孝顺和仁慈。

▶ 译文

大道废弃了，才会提倡仁义。智慧出现了，才会产生诡诈。

家庭六亲不和，才提倡孝子慈父。国家陷于混乱，才会出现忠臣。

仁义智慧

这一章揭示了社会的混乱和病态现象，重点是在针砭时弊。

"大道废，有仁义；智慧出，有大伪"。大道荒废了，才有了仁义。智慧出现了，才有了虚伪。矛盾双方是互相对立、互相依存的，在一定条件下相互转化。强调仁义，是因为有不仁不义；强调智慧，是因为有诡诈虚伪。人们赞美仁义，渴求智慧，是因为大道废弛，社会纷乱，人心贪婪。如果社会风气是淳朴的，人人都一心向善，追求真善美，仁义、智慧也就不用强调了。

所以，舍大道而强调仁义、智慧，是舍本取末、背道而驰。

仁义、智慧虽不失为一服治世良药，但它治标不治本。假仁假义不易识破。只有树立"道"的旗帜，在思想观念和言行举止把握"道"的真谛，才是解决社会问题的根本途径。

智慧与诡诈，聪明与狡猾，都是一种事物的正反两面。用之不当，只会适得其反。老子反对仁义智慧，反对忠臣孝子，其实是想预防其中的不良作用而已。因为每种观念，皆有正反两面。时间久了，就会流弊丛生，失去其本来意义。所以，要用变化发展的眼光看待社会问题。

因此，老子是反对仁义和智慧的。他认为，文化的本源是"道"，"道"衰微了，人们便提倡仁义，结果越来越糟，且适得其反。老子也反对智慧。知识越发达，学问越普及，人心越诡诈，作奸犯科的盗贼也就越多。

十八章 大道废

十九章 绝圣弃智

绝圣弃智①，民利百倍②；绝仁弃义，民复③孝慈。绝巧弃利，盗贼无有。

此三者④，以为文⑤不足。故令有所属⑥，见素抱朴⑦，少私寡欲⑧。

▶ 注释

①绝圣弃智：杜绝和抛弃聪明巧智。绝，断绝。②民利百倍：人民会得到百倍的利益。③复：回复。④三者：指"圣智""仁义""巧利"。⑤文：文饰，巧饰。⑥故令有所属：所以要正面指出，使人的认识有所归属。⑦见素抱朴：外表单纯，内心质朴。见，通"现"，显现。抱，抱持。素，没有杂色的丝，白色，引申为单纯。朴，未经雕刻的木材，引申为质朴。⑧少私寡欲：减少私心和欲望。

▶ 译文

杜绝圣贤的权威，抛弃所谓的智慧，人民可以得到更大的好处。抛弃仁义等法则，人民才能回归孝慈。抛弃机巧和厚利，盗贼自然消失无踪。

这三者，所谓圣智、仁义、巧利，全是巧饰的东西，不足以治理天下。所以要正面指出，使人的认识有所归属：外表纯真内心质朴，取消私心减少欲望。

内圣外王

　　这一章针对社会上的种种弊病，提出相应的方略，重点是论述治国之道。老子认为，所谓圣人智者以及他们所宣扬的仁义、巧利，是扰民的行为，伪饰的谎言，是榨取民众利益，导致六亲不和，盗贼蜂起，造成道德沦丧，世风败坏的根源。应该坚决彻底地杜绝和抛弃。

　　"绝圣弃智，民利百倍"。杜绝"圣贤"的权威，抛弃所谓的"聪明智慧"，人民可以得到更大的好处。在以往的阶级社会，不论是仁治、礼治，还是法制，都建立在君主帝王的"圣贤之治"之上，实行的却是封建专制集权制度。

　　"绝圣弃智"是对专制统治的否定，也是老子的一贯主张。他认为人性本是纯真质朴、淡泊无为的。文化在赋予人民知识和智慧的同时，也腐蚀了人的天性，从而产生出追名逐利、尔虞我诈的恶习。尤其是当时作为文化与文明最高体现的"仁义礼智"这些东西，更是违背人性、产生虚伪的根源，高张仁义之大旗而谋求私利的大有人在。老子认为，不如抛弃这些"文明"的垃圾，使人民恢复到无知无欲、宁静不争的自然状态，而孝慈、善良这些品德自然会在淳厚质朴的人性中得到复苏。

　　"绝仁弃义，民复孝慈。"抛弃了"仁义"，人民就会回复天性。所谓"仁义"，不过是站在"道德"的制高点上设言施教，引导人们弃恶从善，化解社会矛盾，但这是主观片面的。仁义与否只能以统治者的利益标准来衡量。因此，仁义必然成为剥削和压迫人民的工具，仁义的本质就是吃人。"绝仁弃义"，是对套在人民头上的精神枷锁的否定。

"绝巧弃利，盗贼无有。"巧，机巧、诈取。利，利益。抛弃了所谓的机巧，抛弃了自私自利的贪欲，自然不会有盗贼作奸犯科。"绝巧弃利"是对个体名利思想以及物质欲望的否定。

以上三句，指出要想"民利百倍""民复孝慈""盗贼无有"，就必须"绝圣弃智""绝仁弃义""绝巧弃利"。

"此三者，以为文不足。"此三者，即"圣智""仁义""巧利"，这三种东西全是巧饰，不足以治理天下，解决社会矛盾。

"故令有所属，见素抱朴，少私寡欲。"所以，还要让它们归结到具体的措施上来，那就是"见素抱朴，绝学无忧，少私寡欲"，这是老子治国的具体措施。

"见素抱朴"，是说外面单纯，内心质朴，即用"无为"取代"有为"。见，显现。素，没有染色的生丝，比喻纯洁、高尚的圣人。朴，没有加工的原木，比喻合乎自然的法律。

"少私寡欲"，减少机巧的心思，以削弱对物质的欲望。

二十章 唯之与阿

绝学无忧。唯之与阿①，相去几何？善之与恶，相去若何？人之所畏，不可不畏。荒兮②其未央③哉！

众人熙熙④，如享太牢⑤，如春登台。我独泊⑥兮其未兆⑦，如婴儿之未孩。儽儽兮若无所归。

众人皆有馀，而我独若遗。我愚人之心也哉！沌沌兮！俗人昭昭⑧，我独昏昏⑨；俗人察察⑩，我独闷闷⑪。淡⑫兮其若海，飂⑬兮若无止。

众人皆有以⑭，而我独顽似鄙⑮。我独异于人，而贵食母⑯。

注释

①唯与之阿：唯唯诺诺与大声呵斥。唯，应诺声。阿，通"呵"，斥责。②荒兮：时间久远的样子。③未央：没有完结。④熙熙：兴高采烈的样子。⑤太牢：古代帝王祭祀天地神灵时用猪、牛、羊的规格。⑥泊：淡泊宁静。⑦未兆：没有迹象，引申为不炫耀。⑧昭昭：清楚明白。⑨昏昏：暗昧糊涂。⑩察察：严苛的样子。⑪闷闷：淳朴的样子。⑫淡：辽远。⑬飂（liǎo）：疾风。⑭众人皆有以：众人都有作为。以，用。⑮顽似鄙：愚顽鄙陋。⑯贵食母：以食母为贵。食母，食于母。用"道"来滋养自己。母，指道。

译文

杜绝学问，没有忧患。唯唯诺诺与大声呵斥相差多少？美好与丑恶相差多少？他人所畏惧的，不可以不畏惧。自古以来皆如此，这种风气何时停止。

众人都喧闹喜乐，兴高采烈，就像享用丰盛的祭祀，就像春天里登高远望。唯独我内心恬淡而无动于衷，混混沌沌的样子，就像初生的婴儿不懂言笑。疲乏懒散，因不服从于潮流而显得无所归属。

众人都有充足的准备，唯独我却什么也不足。我真是愚人的心肠呵。众人都似乎清醒明白，唯独我糊里糊涂。众人都是那么严肃苛刻，唯独我如此淳厚质朴。辽阔深广呀，像汪洋之大海。自由奔放呀，像高天之季风。

众人皆有所作为，唯独我愚笨且鄙陋。我偏偏要显扬这一种特立独行，只重视用"道"来滋养自己。

圣凡有别

"绝学无忧"，指抛弃"仁义"的说教，解除人民头上的种种精神枷锁。"绝学"就是要放弃成见，杜绝学问，就会达到无忧无虑的状态。

"唯之与阿，相去几何？"唯唯诺诺和大声呵斥，相差能有多少呢？"唯"是应诺之声，"阿"是被大声呵斥。

"善之与恶，相去若何？"善与恶之间，究竟有多大差别？这里，有关于善恶的价值判断问题。其实，善恶之间的边际很难划定。往往做了一件好事，反而得到恶

果。所谓善恶是非、美丑好坏等价值判断，都不是绝对的，而是随时代、环境不同而变化。

"人之所畏，不可不畏。"即使达到了一定的境界，仍要避免举止怪异，惊世骇俗，即"和其光，同其尘"。对人们所畏惧的，也表示畏惧，不去触犯。尽管老子认为自己与世人在价值观上相差很远，但他同时认为，由于价值判断是主观的、相对的，譬如善恶美丑，不同的人有不同的标准，这些问题没有必要穷究到底。

"荒兮其未央哉！"处在纷乱的尘世，还有谁关注内心吗？于是心灵荒芜了，像无边的荒漠。人们畏惧的是"名利"，正是由于名利的役使，才使人们荒芜了心灵，而心灵的荒芜才是最可怕的。人心不古、社会纷乱、道德没落，奸诈机巧者畅行无阻，善良的人却总被欺压。

"众人熙熙，如享太牢，如春登台。"若在一个永远向前推进的时空，我该如何以自处呢？众人汲汲于名利，有所收获就沾沾自喜，似是享用了太牢那样的祭品，似是陪伴帝王在春天登台观看景致。这些愚蠢的人们啊，尽管时时在遭受剥削和压迫，反而醉生梦死，不知何为幸福，何为自由。

"我独泊兮其未兆，如婴儿之未孩。儽儽兮若无所归。"众人皆追逐身外之名利，而我独守内心的平静。混沌如初生婴儿般天真质朴。遨游于太虚之境，像是找不到归宿。儽儽，在道境中飘浮不定的感觉。

"众人皆有馀，而我独若遗。"众人都欢乐有余，只有我像是被世人遗忘，独自享受心灵的宁静。世上的人，都认为自己了不起，拼命追求，什么都想占有。而我什么都不要，"遗世而独立"，像是被世界所遗忘。

"我愚人之心也哉！"我看上去是多么昏昧呀，不忘和"道"混为一体，不敢有一点私心杂念。人生，快乐之中也许暗藏隐忧。所以，我不同于众人，如一潭清水，保持平常心境。

老子所谓的愚人，是一种与世俗之人不同的至高之人，淳朴、自然，看似敦朴木讷，实则洞悉世事、通达人情，对人生的理解远远高于一般人，所以这是大智若愚的"愚"，是智者返璞归真的"愚"。这是老子理想中的人格。

"俗人昭昭，我独昏昏"。昭昭，高明的样子。世人都以为自己明白一切，只有我以昏昧处世，不计得失，因此被看成傻子。"俗人察察，我独闷闷。"大家对任何事都精打细算，我却混混沌沌，少私寡欲，好像什么都不在乎。

"淡兮其若海，飉兮若无止。"这里是说，有道的人内心深沉似大海，遨游于宇宙之间，若无止境心怀高远。容纳一切细流，容纳一切尘垢。"淡泊明志，宁静致远"，超越于世俗的拘束。

"众人皆有以，而我独顽似鄙。"有以，有目的。众人都有人生的目的，或求升官发财，或求长命百岁。唯独我与众不同，随缘而遇，随遇而安。"顽"，有个性，坚持不变。"鄙"，言行举止，疯癫无状，让人瞧不起。到了这等地步，是最解脱、最不受限制的人。这一点，一般凡夫是难以理解的。

"我独异于人，而贵食母。"我偏偏要与众不同，以"道"为贵，用"道"的精神滋养自己。"贵食母"即坚守于"道"，而返回"道"的境界中去。

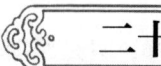

二十一章　孔德之容

　　孔德之容①，惟道是从②。

　　道之为物，惟恍惟惚③。惚兮恍兮，其中有象④；恍兮惚兮，其中有物。窈兮冥兮⑤，其中有精；其精甚真⑥，其中有信⑦。

　　自古及今，其名不去，以阅众甫⑧。吾何以知众甫之状哉？以此⑨。

▶ 注释

　　①孔德之容：大德的模样。孔，大。容，容貌，模样。②惟道是从：只是跟随着"道"。惟即唯。③道之为物，惟恍惟惚："道"作为一种具体存在，若有若无、闪烁不定。④象：形象。⑤窈（yǎo）兮冥兮：玄妙深远、暗昧不清。窈，深远。⑥其精甚真：其规律真实存在。⑦信：验证。⑧以阅众甫：用来观察万物的起始。⑨以此：认识万物从"道"开始。此，指道。

▶ 译文

　　最大的"德"的运作状态，随着"道"而不断变化。"道"作为一种客观存在，恍恍惚惚若有若无。恍惚之中却有形象，恍惚之中却有实物。窈冥之中含有真实存在，可以得到验证。

　　从古到今，它的名字从不改变，根据它阅遍万物的兴衰变迁。我怎么知道万物的兴衰变迁呢？就是通过观察"道"来认识的。

惟道是从

"孔德之容，惟道是从。"大德的模样，只是跟随着"道"而变化。孔德，大德之意。孔是大，德指"道"的作用。容，模样。修道有成的人，能够包容万物，一言一行，莫不遵守"道"所运行的原则。这句话说明了"道"与"德"的关系。"道"是本体，通过具体实物来体现其存在与作用，就是"德"。"道"决定事物的存在与特质，"德"则是事物属性的显现。

"道之为物，惟恍惟惚。"这句话是说，"道"是不可用言语形容的，如果勉强描述成具体的事物，它就是飘然自在，活泼洒脱，若有若无，闪烁不定的一种存在。

"惚兮恍兮，其中有象；恍兮惚兮，其中有物。"在若存若亡无边无际的一片光明里，有这么一个境界，有这么一个实体。象，境界。物，实体。恍惚之间，这是一种光明无际难以描绘，看似暗昧而又幽微的境界，是一种灵活自在、若虚若实的境界。

"窈兮冥兮，其中有精"。形容大道的深远幽明。"窈"是深远的样子，"冥"是高大的样子。无穷高远。精，精华之意，指不可测量、不可捉摸的一种活力。

"其精甚真，其中有信。"在幽昧难明的境界里，确有这么一个规律，只要用心修道，就能得以验证。这里的"精"，是绝对真实，是客观规律，无始无终不生不灭。"精"指极细微的物质实体，是古代哲学中特有的概念，肉眼看不到，就像今天所说的分子一样。

只要锲而不舍，不失道心，久而久之，自然体会到"精"的妙用，进入"道"的境界。对大道的体悟，决定一个人的思想。

境界越高，对世界的认识越深，就越睿智。

"自古及今，其名不去。"从古到今，延续不断不生不灭，永恒存在的只有"道"。称谓可以不同，但根源只有一个。

"以阅众甫。吾何以知众甫之状哉？"用"道"来考察芸芸众生，观察他们的心思、习性和发展变化，千差万别的生命状态，以及过去未来，可以看得透彻，一览无余。众甫，泛指众生。也可理解为社会人生现象。因为领悟了"道"，这个至高无上、恍恍惚惚的客观存在，才能通达穷变，照见无涯无际的众生，以至无所不知。

二十二章 曲则全

曲则全①，枉则直②。洼则盈③，敝则新④。少则得⑤，多则惑⑥。是以圣人抱一⑦，为天下式⑧。不自见⑨故明，不自是故彰，不自伐⑩故有功，不自矜⑪故长。

夫唯不争，故天下莫能与之争。古之所谓曲则全者，岂虚言哉！诚⑫全而归之。

▶ 注释

①曲则全：弯曲才能求全。②枉则直：委屈才能伸直。③洼则盈：低洼才能满盈。④敝则新：破旧才能更新。⑤少则得：少取才能有得。⑥多则惑：贪多反而困惑。⑦抱一：坚守大道。一，道。⑧为天下式：为天下的楷模。⑨自见：自我表现。⑩自伐：自我夸耀。⑪自矜：自骄自傲。⑫诚：确实。

▶ 译文

弯曲反能保全，委屈反能伸直。低洼反能满盈，破旧反能更新。少取反能多得，贪多反而迷惑。所以，有道的圣人坚守大道，作为天下的楷模。不自我表现反而得到表现，不自以为是反而能够彰显，不自我夸耀所以能有功劳，不自高自大所以能够长久。

正因为不跟人争，天下没谁能与他争。古人所说"曲则全"，难道是假话吗？确实能够让他保全。

圣人抱一

这一章阐述处世之道，重在修身。一阴一阳之谓道。道家思想可以出世，亦能入世，既有"本体"也有"应用"，两者不可偏执于一端。

"曲则全，枉则直。"曲，弯曲。弯曲以求全。也可理解成委屈自己以明哲保身。当然，这里的"曲"是合于道的。"枉"是纠正，把歪曲的东西纠正过来，就是"直"。

孔子《易经·系辞传》说"曲成万物而不遗"。宇宙万物，可以说都是曲线的。所谓"直"不过是把曲线拉开。

"曲则全"也可用于为人处事。比如会说话的人，指责别人的错误，会转一个弯。大家心平气和，彼此相安无事。说话太直，就会变成顶撞，让人下不了台。当然，这里的"曲"也要有原则，不要让人觉得虚伪、油滑。总之，曲直之间"运用之妙，存乎一心"。世事皆是如此，读书何以致用？关键在于活学活用。

一个普通人，要想开创一番事业，需要学问、道德，但也要随时纠正自己的不当之处，以更好的姿态正道前行。这就是"枉则直"的积极意义。

"洼则盈，敝则新。"水的本性是向低处流，凡是洼地，积水必多，容易盈满。所以，为人处事一定要把握"道"的精神。弯曲才能保全，委屈才能伸直，低洼才能满盈，破旧才能更新。所谓"曲全""枉直""洼盈""敝新"都是为人处事的关节所在。把握了上面的原则，善于灵活运用，能把生活和事业处理得平稳和谐。

"少则得，多则惑。"惑，指烦恼，困惑。人对于财物或者

二十二章　曲则全

名利权势，求少反而能得，贪多反而迷惑，甚至无所得。

"是以圣人抱一，为天下式。"有道的圣人明白以上种种矛盾之间的对立统一关系，所以只求"抱一"，固守自然之道来处世，探求真理。"一"即"朴"，道也。式，模式，原则。圣人观察天下也要借助于"道"。总之，为人处事要有自己的原则和底线，不任意妄为才是正道。

"不自见故明，不自是故彰，不自伐故有功，不自矜故长。"人要随时反省，不为主观所蒙蔽才算是明白了大道的规律，生命的真谛。不固执己见就会明哲保身。不自以为是就会彰显大业。不自我夸耀就会成就功名。不自高自大才能有所进步。这"四不"是为人处事的标杆。大道无止境，无论修身还是治国，始终都要保持谦逊谨慎，并深明功成身退的哲理，才是"以曲求全"，才能国家稳定社会发展。

二十三章　希言自然

　　希言自然①。故飘风不终朝②，骤雨不终日③。孰为此者？天地。天地尚不能久，而况于人乎？

　　故从事于道者，道者同于道④，德者同于德，失者⑤同于失。同于道者，道亦乐得之；同于德者，德亦乐得之；同于失者，失亦乐得之。信不足，焉有不信焉。

▶ 注释 ◀

　　①希言自然：不言教令是符合自然规律的。希言，少言。②飘风不终朝：狂风刮不了整个早晨。③骤雨不终日：暴雨下不了一整天。④从事于道者，道者同于道：从事于道的人，其行为就与道相同。⑤失者：失道、失德的人。

▶ 译文 ◀

　　少施政令是合于自然规律的。因此，狂风刮不了一早晨，暴雨下不了一整天。谁使它这样的？是天地。天地尚且不能长久维持它的狂暴，何况人呢？

　　所以，从事于道的，其言行就与道相同；从事于德的，其言行就与德相同；失道、失德的，就会承担失去道德的后果。与道相同的，道也乐于容纳他；与德相同的，德也乐于蓄养他。失道失德的，终究会失败。统治者的作为不足以引起人们的信任，人们自然也就不会再相信他。

因果变灭

本章以疾风骤雨来比喻暴政不能持久，论述治国之道重在遵循自然之道的政治理念。

"希言自然。"不言之教是符合自然的。希言，少言。"道"的最高境界，就是自然而然，它本来就是那样。所以要做到贵言。与二章"行不言之教"和十七章"贵言"相应。用之于治理国家，就是要少发号施令，做到清静无为，以不扰民为原则，确保百姓安居乐业，才合乎自然之道。言，也指政令。

"故飘风不终朝，骤雨不终日。"猛烈的狂风刮不了一个清晨，急骤的暴雨下不了一整天。狂风暴雨比喻暴政。以法律禁令捆绑人民，以苛捐杂税压榨人民，如此政治不会长久，这是老子对统治者的告诫和提醒。

"孰为此者？天地。天地尚不能久，而况于人乎？"风雨疾骤而来，不会终朝不变。谁在背后主宰呢？是天地间的自然规律。自然规律尚且不能持久，何况人事呢？政令繁多强加于民，苛捐杂税榨取于民，进而施行暴政，必会引起人们的反抗，同样不会长久。只有"清静无为"，才符合自然之道，使百姓安居乐业。十七章"贵言"，就是要统治者放弃严刑峻法，使人民不知有统治者存在，或"亲而誉之"，而不是"畏之侮之"。

"故从事于道者，道者同于道，德者同于德，失者同于失。"所以，从事于道的人，行为就与道相同。有德的人也是如此。失道失德的人，行为就与失道失德相同。

　　"同于道者，道亦乐得之；同于德者，德亦乐得之；同于失者，失亦乐得之。"按照"道"的规律办事，与"道"一致的人，自然能得到"道"的帮助。按照"德"的规律办事，与"德"一致的人，自然能得到"德"的帮助。违背道的规律办事，那么自然就失去了道的力量。失，指失道、失德，也指"飘风骤雨"式的暴政。

二十四章　企者不立

企者不立①，跨者②不行，自见者不明，自是者不彰，自伐者无功，自矜者不长。

其在道也，曰馀食③赘行④，物或恶之⑤。故有道者不处⑥。

▶ 注释

①企者不立：踮起脚跟不能站立。企，踮起脚跟。②跨者：越步向前不能远行。跨，跃。③馀食：剩饭。④赘行：累赘的行为。比喻凸现于外的无用之物。⑤物或恶之：鬼神都要厌恶他。物，鬼神。⑥有道者不处：有"道"的人不这样做。处，居。

▶ 译文

踮起脚跟走路的人会站不稳，跨步前行的人反而走不快。自我彰显的人不明于道，自以为是的人不善辨析，自我夸耀的人少有功劳，自高自大的人不能长久。

以"道"的观点来看上面的行为，可以说："多余的饮食和累赘的行为，鬼神都会厌恶。"所以有"道"的人是不这样做的。

道体自然

本章阐述了反对"馀食赘行"的观点，重在讲述修身之道。道是自然之道，有其不可改变的规律。所以不可任意妄为，面对万物也要效法天地自然，"曲全"而成事。

"企者不立，跨者不行"。踮起脚尖想高一点，反而站不稳。跨开大步想快一点，反而走不远。这两个生活中的例子，告诉人们不可好高骛远、急于求成，否则欲速则不达。"企者"，就是好高；"跨者"，就是骛远。基础工作没做好，却向高远的方面去求，不是自找苦吃，就是自求其辱。

　　"自见者不明，自是者不彰，自伐者无功，自矜者不长。"有自我之心，便会被蒙蔽，不能明于大道。统治者自私自利，就会丧失民心。自以为是便不会得到彰显推广。自我炫耀，有了名利之心，就不会成功。骄傲自满，就不会长进，就不会取得新的成就。

二十五章　有物混成

　　有物混成①，先天地生，寂兮寥兮②，独立不改③，周行而不殆④，可以为天下母⑤。吾不知其名，字之曰道，强为之名曰大。大曰逝，逝曰远，远曰反⑥。

　　故道大，天大，地大，人亦大。域中⑦有四大，而人居其一焉。人法⑧地，地法天，天法道，道法自然。

▶ 注释

　　①有物混成：有一个东西混沌而成。物，指道。②寂兮寥兮：无声无形。③独立不改：独自生存而永不更改。④周行而不殆：循环运行而永不懈怠。周，环绕，循环。殆，停息。⑤天下母：天地的本源。⑥反：返。⑦域中：宇宙。⑧法：效法。

▶ 译文

　　有这么一个东西，它浑然一体，产生于天地之前。它无声又无形，独立长存永不改变，循环运行而生生不息，可以说是万物的根源。我不知道它的名字，勉强称它为"道"，再勉强称它为"大"。它广大无边而周流不息，周流不息而伸展遥远，伸展遥远而返回本初。

　　所以，道大，天大，地大，人也大。宇宙间有四大，而人是其中之一。人以地为法则，地以天为法则，天以"道"为法则，"道"则效法自然。

天地之母

　　《道德经》五千言，每章都别出心裁，文字或隐或显，表述或异或同，洋洋洒洒信手拈来。大千世界，纷繁无边。人们可以从不同的角度领悟大道。"道"的本体和妙用，皆在其中。本章侧重阐述道的属性、状态和归依，重点是论道。

　　"有物混成，先天地生"。有一种东西，可以说它是物质存在，也可以说它是精神力量，浑然成为一体，先于天地而生，这就是"道"。《易经》云："一阴一阳之谓道。"并由此创化衍生了极微到极大，应有尽有、无穷无尽的纷繁世界。

　　"寂兮寥兮，独立不改，周行而不殆，可以为天下母。吾不知其名，字之曰道，强为之名曰大。"这个浑然一体的"道"，本无形象，先天地而生。也无法描述，不可称谓。宇宙万物的本原是它。它寂灭而又寥落，种种变化，只是不同的现象而已。它在日夜明暗之间来往，隐现于它所创造的万象之中。如同佛家所讲"缘起性空，性空缘起"。

　　它看不见，也摸不着。虚静到了极点，无声无形，不可体察，而又广大无边。它超越于一切万有，悄然自立，不生不灭。它无所不在，而又无穷无尽。这个东西就是宇宙万物的根本，难以用语言文字来形容，姑且称之为"道"。

　　"大曰逝，逝曰远，远曰反。"因为它实在太大了，所以"强为之名曰大"。这个"大"，又是永向四面八方延伸扩展，所以"大曰逝"，可以理解为宇宙的无限扩张。扩张至于无穷无尽，遍及一切，远不可及，所以"逝曰远"。

　　若能反求诸己，自我反省，"道"又在每个人的身上，须臾不离，所以"远曰反"。最远的就是最近的，最后的就是最初的。道在天边，也在眼前。

"道"是宇宙间万事万物的本体。所谓"大""逝""远""反"等，都是"道"的别名。"故道大，天大，地大，人亦大。"传统文化始终将"天地人"并列。这是因为中国文化最讲究"人道"，人文的精神最浓厚，人能"参赞天地之化育"，故为万物之灵。

人生于天地之间，数十年生命倏忽而逝，恍如过眼烟雨，终极意义何在？也许我们这个天地并不完美，有诸多缺憾，因此佛称之为娑婆世界，意为"堪忍"。人的智慧与能力，只要运用合理，便能创造圆满的人生，弥补天地的缺憾。

"域中有四大，而人居其一焉。"在无穷无尽的宇宙中，四种东西最重要，最关键，而人占了其中之一。"域"，指广袤的宇宙。道家四大指"道、天、地、人"，由老子首先提出。佛家四大则指物质世界的四种元素，即"地、水、火、风"。

二十六章　重为轻根

重为轻根①，静为躁君②，是以圣人终日行不离辎重③。虽有荣观④，燕处⑤超然⑥，奈何万乘之主⑦，而以身轻天下⑧？轻则失本⑨，躁则失君⑩。

注释

①重为轻根：厚重是轻率的根本。根，基础，根本。②静为躁君：宁静是躁动的主宰。君，主宰。③辎重：运载器械粮食的车。④荣观：玩乐之所，指华丽的生活。⑤燕处：日常生活享受。⑥超然：不沉溺其中。⑦万乘之主：有一万辆兵车的国家，指大国的君主。⑧以身轻天下：用轻率躁动来治理天下。⑨轻则失本：轻率就会失去根本。⑩躁则失君：躁动就会失去主宰。

译文

厚重是轻率的根本，柔静是躁动的主宰。因此，圣人终日远行而不离开他的担当。虽然有华丽的生活，显贵的地位权势，却能坦荡从容，超然处之。为什么身为大国的君主，却以轻率躁动的行为来治理天下？轻率就会失去立身的根本，躁动就会失去主宰的地位。

不离根本

本章论述修身养性之道，指出轻和重、静和躁这两对矛盾，侧重为人处世的根本，即重与静，可见老子是主静、贵柔的。

　　"重为轻根，静为躁君，是以圣人终日行不离辎重。"重是轻的根本，静是躁的主宰。所谓轻重、静躁是相对而言的，应该有所侧重的是稳重和沉静。

　　辎重，车上所载行李或物品的统称。"圣人终日行不离辎重"，意思是说圣人效法天地之道，有所承载有所担当，终日不忘担负家国之重任而远行。天地养育、承载万物，毫无怨言。圣人要有厚德载物的精神，为世人与众生，挑起一切苦难之重担，不可离开这种负重致远的责任。这便是"圣人终日行不离辎重"的本意。尤其是告诫那些身负人民期望的君主，有这样的存心，才是合道的明君或良臣。

　　用上面的原则来指导修道，就是要从习静着手，远离后天的躁动。三章"虚其心，实其腹；弱其志，强其骨"，十六章"致虚极，守静笃""归根曰静，是谓复命"，都是以"沉稳静定"作为修道的根基。

　　"虽有荣观，燕处超然"，是说圣人身居高位，享有繁华的生活，却要保持内心的娴静，超越物质上的欲望，不沉溺于其中，做一个真正的圣人。志士贤人，始终戒慎恐惧，存有济世救人的道义。有道的人，虽然处于荣华富贵之中，仍然恬淡虚无，超然物外，不改质朴本色。不受功名束缚，不为物质劳累自己的内心，才是有道者的自处之道。

　　然而，当时的各诸侯王并不

明白这个道理。因此老子感叹："奈何万乘之主，而以身轻天下？轻则失本，躁则失君。"所谓"身轻天下"，是说他们不知修身养性，做事只图眼前功利，不择手段不顾后果。因此，不但失去了做人的根本，也失去了君主的地位。

从人性来看，立身爱己是有为于天下的开始。修身养性无道，又怎能担当天下危难的大任呢？若是没有超然出世的胸怀，而贸然谈利益天下国家的大业，正是失其轻重权衡之处。在老子看来，身为"万乘之国"的统治者，立身行事，都应当静定稳重，而不应轻率躁动，如此才可以有效地治理国家，巩固和保持自己的统治地位。

二十六章 重为轻根

二十七章　善行无迹

善行无辙迹①，善言无瑕谪②，善数③不用筹策④，善闭无关楗⑤而不可开，善结无绳约⑥而不可解。

是以圣人常善救人，故无弃人；常善救物，故无弃物，是谓袭⑦明。

故善人者，不善人之师；不善人者，善人之资⑧。不贵其师，不爱其资，虽智大迷，是谓要妙⑨。

▶ 注释

①辙迹：车轮压出的痕迹。②瑕谪（zhé）：瑕疵，引申为过失。③数：计算。④筹策：古代计数工具，用竹制成。⑤关楗：闭合门户的工具，用金属或木制成。⑥绳约：绳索。⑦袭：因袭，保持。⑧资：资用，借鉴。⑨要妙：精要玄妙。

▶ 译文

善于行走的不留痕迹，善于言谈的不说错话，善于计算的不用筹策，善于关闭的不用栓销却不可打开，善于捆缚的不用绳索却不可松解。

因此，圣人总是善于做到人尽其才，没有被遗弃的人；圣人总是善于做到物尽其用，没有被废弃的东西，这可以说是含而不露的智慧。

所以，善人可以作为恶人的师范，恶人可以做善人的借鉴。不懂得标榜师范，不懂得善于借鉴，虽然对善与不善理解很深，自以为聪明，其实是糊涂，这就是精要玄妙的道理。

不着痕迹

"善行无辙迹，善言无瑕谪"，这说明了有道之人的品行。真正的大善是做了善事也不留痕迹。传统文化几千年，讲究为善不欲人知，不求名不求利，更不望回报。至于做了好事还要宣扬，那就与传统文化的精神差得太远了。

所以，"善欲人知，便非真善。恶恐人知，便是大恶"。"道"本是清静无为的，有了形迹可循，就已落入下乘，已非至善了。庄子发挥"善行无辙迹"的意义说："绝迹易，无行地难。"一个人的动作行为要想不留痕迹，容易做到。但内心的谴责，却永生也难消除。唯有当下皆空，不留痕迹，才能渡过彼岸的真空而得大解脱。说到彻底，禅宗称之为"言语道断，心行处灭"。

"善数不用筹策"，会算的人不用筹策就能算出来。"筹策"是计算的工具。"善闭无关楗而不可开"，善于关闭的人不用关楗，却没有谁能打开。什么东西打不开呢？虚空打不开，因为没有开关。因此虚空之中便是宇宙的奥秘所在。虚空之中有不可知，也许是上帝，是超我。"善结无绳约而不可解"，善于打结的人不用绳索，却没有谁能解开。就像是"心锁"一样，是很难解的。

"是以圣人常善救人，故无弃人"，因此，圣人善于用人，能够做到人尽其才，不会抛弃任何一人。"常善救物，故无弃物"，圣人善于做到物尽其用，一点儿也不浪费。由人及物，这是中国文化的次序。"老吾老以及人之老，幼吾幼以及人之幼"，从身边做起，有余力再慢慢扩大，最后及于"天下为公"。

二十七章 善行无迹

　　"人尽其才，物尽其用"，这是圣人之道，可称为"袭明"。"袭"是延伸的意思，在无形无色、无声无息的情况下，不着痕迹将光明延伸。"袭明"延伸光明的一面，是至真至善之道。

　　"做善人者，不善人之师；不善人者，善人之资。"为人处世要尊重每个人。善是恶的老师，恶是善的凭借。觉得不善，就应该一心向善。

　　"不贵其师，不爱其资，虽智大迷，是谓要妙。"不以他的老师为贵，也不爱惜他的学生。虽然有智慧也是大的糊涂，理解了这个才是掌握了精要。有道的圣人修为到了最高境界，能做到不念善恶，众生平等。善恶皆归于清静无为，是谓"至道"。领悟了精要玄妙的"大道"，才算是获得了大智慧。

二十八章　知雄守雌

知其雄①，守其雌②，为天下谿③。为天下谿，常德不离，复归于婴儿④。

知其白，守其黑，为天下式⑤。为天下式，常德不忒⑥，复归于无极⑦。

知其荣，守其辱，为天下谷⑧。为天下谷，常德乃足，复归于朴⑨。

朴散则为器⑩，圣人用之则为官长⑪。故大制不割⑫。

▶ **注释** ◀

①知其雄：知道事物的刚劲之处。雄，刚劲、躁动。②守其雌：安守事物的柔弱之处。雌，比喻柔静谦卑。③谿：溪。④婴儿：象征纯真质朴。⑤式：楷模，模式。⑥不忒：没有差错。⑦无极：终极真理。⑧谷：山谷。⑨朴：质朴。⑩朴散则为器：质朴的"道"分散而成万物。器，指具体的实物。⑪官长：百官的首长，即君主。⑫大制不割：完善的制度浑然天成，不会伤害到百姓。割，伤害。

▶ **译文** ◀

知道什么是强雄，却安于柔雌的地位，甘做天下的河溪。甘做天下的河溪，永恒的德就不会离失，复归于婴儿般的质朴随和。

知道什么是光亮，却安于暗昧的地位，甘做天下的尝试者。甘做天下的尝试者，永恒的德就不会有偏差，复归于最后的真理。

知道什么是荣耀，却安于卑微的地位，甘做天下的川谷。甘做天下的川谷，永恒的德才得以圆满，复归于质朴的状态。

质朴的"道"分散而成万物，圣人遵循"道"的质朴，成为百官之长。所以，完善的体制是浑然天成的，不会伤害到百姓。

复归于朴

"知其雄，守其雌，为天下谿。"知道什么是刚强，却安于柔弱的地位，就像天下的溪流一样谦卑。雌雄，阴阳的意思。雄代表光明、刚劲、张扬、躁进。雌代表暗昧、柔静、收敛、谦卑。"知雄守雌"是老子的基本处世哲学，要求人们在矛盾关系中，对于"雄"要有透彻的了解，并处于"雌"的一方。"守雌"并非退缩或回避，而是执持谦卑柔弱，又能刚劲有力，进而掌握主动，保全自己。

溪水居于低处，汇流成川，归于大海，是因为谦卑。"为天下谿，常德不离"，能够"为天下谿"，自然不离于"德"。一动一静，皆是"道"的作用，能够"常德不离"，就能"复归于婴儿"，纯真质朴。这是"道"的境界。

运用"知雄守雌"的原则修身处世，乃至治理国家是恰当的选择。春秋后期，政局动荡引发了社会混乱，不断纷扰使得人们深受其害，面对这样的状况，老子提出"知雄守雌"的处世原则。认为只要人们这样做了，就可以返璞归真，达到天下大治。

"知其白，守其黑，为天下式。为天下式，常德不忒，复归于无极。"知道了什么是光亮，安守于暗昧的地位，可以为天下的楷模。为天下的楷模，就不会有道德上的偏差，复归于最终的真理。这段是讲心性的修持。明了是非善恶，甘愿处于暗昧之处，是为至善。修养到了"人欲净尽，天理流行"时，起心动念都不会有错，念念是善，与天道吻合。传统文化讲"天心仁慈"，无心便是至善。

"知其荣，守其辱，为天下谷。为天下谷，常德乃足，复归于朴。"知道了什么是荣耀，却能够安守于耻辱，这可以成为天下之谷。成为天下之谷，才能保持永恒的德行，最后复归于"道"的质朴。这句是指行为上的修持，知道自己的本来，保持纯真的一面。谷，山谷，因为中间是虚空的，所以空灵阔大，包容万物。做到豁达大度，包容一切，则"常德乃足，复归于朴"。永恒的德行充足，行为才够得上"朴"，就是归到原始质朴的"道"之本色了。

"朴"，指言行修养到朴实无华的境界。去除私心，不加妄念以及世俗中恶的一面，回归到本来的朴实，就是"道"。

因此，结论是"朴散则为器，圣人用之则为官长"。"朴"包含了本初的人性，上古之时，人们生长在"道"的世界，所以不需要道德仁义这些名称，而个个有道。"朴"散为万物，文明随之兴起，越向前发展，物质越发达，精神越堕落。"江水东流去不回"，世事无法逆转，社会不断向前发展，"苟日新，又日新，日日新"。到了极点之后，就会回归本初，"道则返也"。

"故大制不割。"有道的圣人懂得这个道理，就创建系统完整的制度，以维持上古之时的道德。希望人人自然守法，合于道德的标准，并不刻意约束，以保持"道"的浑然天成，不可分割。这就是"道法自然"，就是"大制不割"。

二十九章　天下神器

将欲取天下^①而为^②之，吾见其不得已^③。天下神器^④，不可为也。为者败之，执^⑤者失之。

故物或行或随，或歔^⑥或吹^⑦，或强或羸^⑧，或挫^⑨或隳^⑩。是以圣人去甚^⑪，去奢^⑫，去泰^⑬。

▶ 注释

①取天下：夺取天下。②为：治理，有所作为。③不得已：不能达到目的。④神器：神圣的东西。⑤执：把持。⑥歔：也写作"嘘"，出气缓慢。⑦吹：出气急速。⑧羸：瘦弱。⑨挫：坐在车上。⑩隳（huī）：堕、坠。⑪甚：极端。⑫奢：奢侈。⑬泰：过分。

▶ 译文

想夺取天下拿来任意妄为的，我看他永远也不会达到目的。天下，是神圣的存在，不可任意妄为，不可用力把持。任意妄为就会失败，用力把持就会失去。

那些世间万物，有前行有后退，有缓和有急切，有刚强有羸弱，有安稳有毁灭。因此，有道的圣人要清静无为，顺应自然，去掉极端、奢侈、过分的东西。

圣人无为

"将欲取天下而为之，吾见其不得已。"想强取天下任意妄为的，我看他终究不会达到目的。"天下"一词，就具体面积而言，根据历史上不同政权统治区域，有一定变化。把天下当作个人的私有，这与上古时有道的君主管理天下，为民谋利的精神是迥然不同的。所以，不会得到人们的拥护和爱戴。

"天下神器。不可为也。"管理天下这件事，是很神圣的事情，不是想管就能管的。这件事不可强求妄为，也不可以把持不放。一切强求之事，都不会轻易实现。

"为者败之，执者失之。"以自我的私欲为出发点，为所欲为，把持天下，终究要失去天下。越是私心自用，抓得越紧抓得越牢，则失去越快。

以上所述，可以看作老子"无为之治"的哲学总纲，是对"有为"之政所提出的警告。"有为"即以主观意志去做违背自然之事，把天下据为私有，必然会招致失败。以暴力统治人民，将是自取灭亡。世间万物，都有各自的禀性，其间差异是客观存在的。理想的统治者往往顺其自然，不强制不苛求，因势利导遵循规律。

三十章　以道佐人

以道佐①人主②者，不以兵强天下③。其事④好还⑤。师之所处⑥，荆棘生焉。大军之后，必有凶年⑦。

善有果而已⑧，不敢以取强。果⑨而勿矜，果而勿伐，果而勿骄，果而不得已，果而勿强。

物壮则老，是谓不道，不道早已⑩。

▼ **注释** ■

①佐：辅佐。②人主：君主。③不以兵强天下：不依靠武力取得天下。④其事：指用兵。⑤还：还报，报应。⑥师之所处：军队驻扎的地方。师，军队。⑦凶年：荒年。⑧善有果而已：善于用兵的人只要达到目的就可以了。⑨果：达到目的，胜利。⑩早已：早早消亡。

▼ **译文** ■

用"道"辅佐君主的，不以武力逞强于天下。以武力逞强于天下，很容易会得到报应。军队驻扎的地方，会民生凋敝，田地荒芜，荆棘丛生。大战之后，必定是灾荒连年。

善于用兵的人，只求达到目的适可而止，不敢以兵力来逞强于天下。达到目的而不自高自大，达到目的而不张扬夸耀，达到目的而不骄横待人。只把胜利当作情非得已，并不因此逞强于天下。

事物发展到了盛壮之后，就会趋于衰亡，因此逞强于天下是不合于"道"的。不合于"道"，就会早早消亡。

大军之后

"以道佐人主者，不以兵强天下，其事好还。"用"道"辅佐君主的，绝不靠武力逞强于天下。因为靠武力逞强斗狠，会树立很多敌人。而自己所占的优势迟早会丧失，敌人也会通过这样的方式来报复。"其事好还"，如同《易经》"无往不复"的意思，这是因果循环，每件事必定回转过来报应。有人说"在江湖上混，总归是要还的"，也是这个意思，做事不要太绝，适当留有余地，不然难免会有报应找到头上。

当然，老子所强调的，只是不主动发动战争。在国防上，军事上武装自己，进行戒备是绝对需要的，但不可以"兵强天下"，不可以用武力主动侵略别人。

"师之所处，荆棘生焉。大军之后，必有凶年。"师，军队。军队驻扎过的地方会荆棘丛生，山林草木以及人文建筑都得到破坏。战场在哪里，哪里就会遭到破坏，以致荒草丛生。经过大规模的战争，往往会田地荒芜，百姓流离失所，百业萧条。经历过战乱，才会知道战争的破坏会有多么悲惨，兼有水旱之灾，瘟疫流行。所以，理解战争的统治者或将领，都不轻言战争。

三国时期，战乱频繁，连中原最发达的洛阳城，也是"白骨露于野，千里无鸡鸣"。这便是战争所带来的人间惨象。

三十一章　兵者不祥

夫佳兵①者，不祥之器。物或恶之②，故有道者不处③。

君子居则贵左，用兵则贵右。兵者，不祥之器，非君子之器。不得已而用之，恬淡④为上。胜而不美，而美之者，是乐杀人。夫乐杀人者，则不可以得志于天下⑤矣。

吉事尚左，凶事尚右。偏将军居左，上将军居右，言以丧礼处之。杀人之众，以哀悲泣之。战胜，以丧礼处之。

▶ 注释 ◀

①兵：兵器，指战争。②物或恶之：连鬼神都厌恶它。物，指人。③有道者不处：有"道"的人不接近它。④恬淡：淡然。⑤不可以得志于天下：不可能在天下得到成功。

▶ 译文 ◀

兵器，是不祥的，连鬼神都厌恶它。所以，有道的圣人不接近它。

君子居处以左为尊，用兵打仗以右为尊——它们背道而驰。兵器是不祥的，不为君子所用。万不得已使用它，最好淡然处之。胜利了也不要自鸣得意，自鸣得意是以杀人为乐。以杀人为乐就不能取得天下。

吉祥之事以左为上，凶丧之事以右为上。偏将军居左，上将军在右，这是说出兵打仗用丧礼的仪式来行事。所以，准备征战杀伐的，多半带着哀痛的心情参加。即使打了胜仗，也要按照丧礼的仪式处理。

不战而胜

在封建时代，无论君临天下的皇帝，还是割据一方的军阀，多半"以兵强天下"。然而，"夫佳兵者，不祥之器"。刀兵凶险，是不吉祥的，不合天生万物的仁德。"故有道者不处"，所以，有道的人不轻易使用武力，只凭道德、仁慈来感化对方。不战而屈人之兵，这是解决政治问题的最好方法。

老子是反对战争的。他的反战思想，从人道主义出发，正如三十章所指"师之所处，荆棘生焉"，"大军之后，必有凶年"。但老子并不是完全愤世嫉俗、脱离现实的理想主义者，他对现实、政治的深切关注，使他不能绝对否定战争，只是"不得已而用之"，从而提出以"恬淡为上""胜而不美""以丧礼处之"等折中办法，以解决人性与政治的矛盾和冲突。

"君子居则贵左，用兵则贵右。"这是说中国古代的礼仪制度。古人认为左阳右阴，阳生而阴杀。"贵左""贵右""尚左""尚右""居左""居右"等，都属于古时的礼仪。君子，指有修养的人。上古传统，以正治国，喜欢在左边；用兵，则在右边。右属阴，用兵时，非用"阴谋"不可，攻打征伐，不使用阴谋诡诈不足以取胜。

"兵者，不祥之器，非君子之器。不得已而用之，恬淡为上。"这句话再一次强调武力是不祥之器，为君子所不用。除非万不得已，最好不要使用。作为全军的统帅，要有"淡泊明志，宁静致远"的心胸和气度。老子以此说明有道的人发动战争是"不得已"，并不是喜欢战争，而是无可奈何的心态。这种恬淡的心态与后面的"乐杀人"那样穷兵黩武的好战心态，尚武精神，兴奋激昂的精神状态是迥乎不同的。

"胜而不美，而美之者，是乐杀人。"纵然打了胜仗，也不值得颂扬。战胜了，还要到处宣扬，那是以杀人为乐，不值得提倡。"夫乐杀人者，则不可以得志于天下矣。"以杀人为乐，终归是要失败的，所以，不可能得志于天下。

上古讲究礼仪时，以左方为尊。所以"吉事尚左，凶事尚右。偏将军居左，上将军居右，言以丧礼处之"。就是说上将军在右，偏将在左。应该怀着丧事一样的悲痛去处理战场。"杀人之众，以哀悲泣之。"对死伤的敌人，也要有哀痛悲伤之情。"战胜，以丧礼处之"，即使战胜了，也不骄矜得意，仍要怀着丧礼哀痛的心情，来处理战后的一切。

三十二章　道常无名

道常无名①，朴②虽小，天下莫能臣③也。侯王若能守之，万物将自宾④。

天地相合以降甘露，民莫之令而自均⑤。始制有名⑥，名亦既有，夫亦将知止⑦。知止可以不殆。譬道之在天下，犹川谷之于江海。

▶ 注释

①道常无名：道永远处于没有名字的状态。常也写作恒。②朴：质朴。③臣：使之臣服。④自宾：自己宾服。⑤自均：自然均匀。⑥始制有名：万物出现以后，才有了各自的名称。始，指天地万物的开始；制，做的意思。⑦止：止境、限度。

▶ 译文

"道"常处于无名而质朴的状态。它虽然幽微渺不可见，天下却没有谁能支配它。侯王若能坚守于"道"，以此治理天下，将会使百姓自动归附。

天地间的阴阳二气相合，就会降下甘露，没有谁令它均匀也会自然均匀。万物兴作，就确定了各种名称。各种名称确定，成为现实，就要适可而止。懂得适可而止，就可以避免危险。"道"存在于天下，谐和统一就如同天下河流都归于江海一样，使万物自然宾服。

知止不殆

本章重点是说明道无名而质朴的特征。道，永远都是无名的。万事万物随时变化。"朴虽小，天下莫能臣也。"道，虽然细微，但它的应用却可以无限，没有谁可以令它臣服。

大道虽然细微朴实，蕴含的力量却很强大。为人处事要从大处着眼，小处着手。时刻谨小慎微，就能使万物宾服。所以，"朴"虽然细微，但不要轻视它，因为它的作用非常大。这也说明了如果不注意小地方，就会危及大局。

"知止可以不殆"，是本章的精华所在，劝人见好就收，行事不可过分，知道适可而止就不会有危险。这也是"知止不殆"这一成语的来源，四十四章"知足不辱，知止不殆，可以长久"也是这个意思。贪心过盛不"知止"，必定招祸身亡。人生之祸大多是由于不知足而起的。

知止，是为自己设定一个底线，也是为工作制定一套规则。行于当行，止于当止。这是一种坚守，一种担当。知止，是一种生存力量，也是一种大智慧。"大智知止，小知惟谋。"行是勇气，止是智慧。因了智慧，看得更高远，想得更深邃，内心更强大，信念更清晰。古人云："物无美恶，过则成灾。"讲的是适可而止，是知止的道理和意义。《大学》说："为人君，止于仁；为人臣，止于敬；为人子，止于孝；为人父，止于慈；与国人交，止于信。"说的是担当，是知止的责任与义务。

对于统治者来说，治理天下就要先建立完整的制度，确定名分设置官职，各有所司。名分有了，还要有所制约，就不会纷扰多事，也就没有什么危险了。老子认为，"名"是人类社会引发争端的重要根源之一。

"譬道之在天下，犹川谷之于江海。"所以，"道"为天下所归，统领一切，就像百川归于江海一样。也就是说，天下不论什么事，皆要归之于"道"。所以"道法自然"。

老子的哲学思想，具有素朴直观的特点。对于世界的本原，"吾不知其名，字之曰道，强为之名曰大"，也把道叫作"朴"。因此，"无名"可称之为"朴"，形容"道"的混沌状态，指"道"不自见、不自是、不自伐、不自矜。表达了"无为而治"的理念，认为侯王若能依照道的法则治天下，顺应自然，百姓将会自动归附。

三十三章　知人者智

知人者智，自知者明①。胜人者有力，自胜者强②。

知足者富，强行者③有志，不失其所者久，死而不亡④者寿。

▶ 注释 ■

①自知者明：能够自知才算高明。②自胜者强：能够战胜自己才算强大。③强行者：努力不懈、顽强坚持的人。④死而不亡：身体死亡，精神长存。

▶ 译文 ■

认识别人可以说是智慧，了解自己才算高明。战胜别人算是有力，战胜自己才算刚强。知足常乐就是富有，身体力行就是有志。不离失道的根基才能持久，身死而精神长存才是永生。

自知自强

"知人者智，自知者明。"能够了解别人的优劣长短，是有智慧的。有了识人之智，才能做到知人善用，事业有成。除了能够"知人"之外，还要"自知"，才算足够的明智。世上能够做到"自知"的人很少。很多人以为自己什么都懂，其实是被物欲蒙蔽了自我，不能清醒认识自己的不足。"自知者明"，是说有了自知之明，能够认识自己才算聪明，是大彻大悟，难能可贵。俗话说"人贵有自知之明"，便是出自此处。

"胜人者有力，自胜者强。"胜过了别人，只是因为力气大，这不算什么。能够战胜自己，才称得上真正的强大。想战胜自己，克服自己，那是很难的。修身养性就是自胜之道，战胜自己的欲望，以及种种妄念，就不会有烦恼。往往，英雄征服了天下，却不能征服自己。这里的"强"是老子在《道德经》中提出的一个哲学概念，与"柔""弱"相对，比如五十二章"守柔曰强"。

"知足者富，强行者有志"，到了什么程度才算富足？物欲横流，人心大多是不知足的。不知足就永远不会富足。心有余裕，即为幸福。内心的悠闲和空暇才是真正的幸福。所以说"知足常乐"。欲望是永无止境的，不知足的话就会永远跟着欲望跑，那样会使自己永远生活在疲累之中。

什么叫有志呢？勤勉而行，克服困难，就叫有志。"行人所不能行，忍人所不能忍。"这句话的意思是不唯战胜自己，也要战胜别人。

"不失其所者久，死而不亡者寿。"人要安守本分，要认识自己，要有"自知之明"。知道自己的位置，了解自己的能力。知道该做什么，不该做什么，不违背"道"的规律，这样就可以长久。身体死去，精神可以不死，这叫"死而不亡者寿"。

本章阐述了老子的励志之道，重点是讲解个人的品行修养。"知人""胜人"固然重要，但"自知""自胜"更为重要，只有达到"自知""自胜""自足""强行"的人，才能使精神超越死亡，成为长久存在。这说明战胜自己的重要性。一个人若有充足的自省精神，并且坚定信念切实推行，就能保持旺盛的生命力和饱满的精神风貌。

三十四章　大道泛兮

大道泛兮①，其可左右。万物恃之以生而不辞②，功成不名有。衣养③万物而不为主④。常无欲，可名于小⑤；万物归焉而不为主，可名为大⑥。以⑦其终不自为大，故能成⑧其大。

▶ 注释 ◀

①大道泛兮：大道像水一样广泛而普遍，无所不知无所不及。②不辞：不推辞。③衣养：养育。④不为主：不自以为主宰。⑤可名于小：可以称它为小。⑥万物归焉而不为主，可名为大：万物归附于"道"而不自以为主宰，因此可以说它"大"。⑦以：由于，因为。⑧成：成就、成为。

▶ 译文 ◀

大道像水一样广泛而普遍，无所不至无所不及。万物依靠它得以生存，而它对万物却从不推辞，成就了万物却并不自以为有功。养育了万物却不自以为主宰，它没有自己的私欲，可以说很渺小。万物归附于它却感受不到它的拘束限制，可以说很伟大。就是因为它始终不自以为伟大，所以才涵盖万物，成就了它的伟大。

道蕴万物

"大道泛兮，其可左右。"大道广泛而普遍周流运转，无所不至无所不及。尽管看不见摸不着，但它可左可右，就在身边。

"万物恃之以生而不辞，功成不名有。"宇宙万物虽然有千万种变化，但都依附于"道"，因它而生，所有现象不过是它的表象。它不辞劳苦，生生不息，滋养万物而不表功，也从不标榜自己。

在这里，老子通过描述"道"的性质，即生养万物却不加以主宰、占有，赞美其崇高、伟大以及无私。日月星辰、山川河流、草木虫鱼，以上种种，无不是因道而存。没有阳光、空气、水分，人类也难以存在。

"衣养万物而不为主。常无欲，可名于小。"它像衣服那样，庇护万物，并不做万物之主。虽生万物，是自然而生；万物最后自然归于毁灭，回到它的本来。一切都是自然而然的，也就是说，"道"生养了万物，却不使万物所知，好像"道"不存在一样，所以"常无欲，可名于小"，它本身无欲无求，因此可以称它为"小"。

"万物归焉而不为主，可名为大。"万物从生到死，最终还是要回归到它那里。这告诉我们，生命本身也是"道"所生，死亡即是回到"道"的怀抱，那么，对于生死往来就可以有所参透，不会过于执着了。

"以其终不自为大，故能成其大。"正因为"道"从来都不自高自大，也不自满自足，所以才成就了它的伟大，这才是真正的伟大。这里的"大"是"道"的一种品格，不自以为是，反而终有大成。而这种不自以为是，并不是故作谦逊，而是自然品性的流露。

三十五章　天地万象

执大象^①，天下往^②；往而不害^③，安平太^④。

乐与饵^⑤，过客止^⑥。道之出口^⑦，淡乎其无味，视之不足见，听之不足闻，用之不足既^⑧。

▶ 注释 ◀

①执大象：执守大道。象，即"道"。②天下往：天下，指天下的人们。往，归往。③往而不害：即使天下的人们向它投靠，也不会互相妨害。④安平太：就平和而安宁。安，于是。平，平和。太，安泰。⑤乐与饵：音乐和美味佳肴。⑥过客止：使过路的人止步不前。⑦出口：用嘴说出来，即"道"的表述。⑧用之不足既：用它却用不尽。既，尽。

▶ 译文 ◀

执守大道，天下百姓就会前来归往。前来归往，人们不会相互伤害，天下将会安定平和。

音乐和美食，会使过路的人止步不前。而道的叙说，也许平淡没有味道，看也看不见，听也听不到。理解它运用它，作用却无穷无尽。

执象而求

"执大象，天下往"，执守大道，则可以使天下归往。大象，即"道"。"道"产生天地万物，无形无相，无处不在，它是最大的"象"。懂得了宇宙万物之道，则无往而不利。《阴符经》："观天之道，执天之行，尽矣。"道法于天，因而有了风雨雷电，日明夜暗四季轮转。

"往而不害，安平太。"归往而不伤害，就会平和而安泰。这里是建议统治者要懂得天地间的法则，从大处着眼小处着手，就能"往而不害"，直行无碍，平安舒泰。

"乐与饵，过客止。"音乐和美味佳肴，只会诱惑人心，好听好吃的东西在那里，过路的人会停下来。世上一切物质的东西，只要使人感到舒服快乐的，人人都会受到诱惑。

"乐与饵"，可以理解为当时的"仁义礼法"，"过客"指那些平庸无能的官员，老子在此告诫他们不要沉溺于声色美食，应该归附于质朴之道。春秋末年，统治集团从上到下，纵情声色疏于政事，是普遍性的现象。诸侯国之间的战争，使人们遭受严重的痛苦。而在日常生活中，统治者荒于朝政，丝毫不关心百姓的死活。老子看到这种状况，为百姓的安危生存而感到忧虑。

"道之出口，淡乎其无味，视之不足见，听之不足闻，用之不足既。"作为生命之源的"道"，讲起来淡而无味，看也看不见，听也听不见，用它却也用不尽。上面几句形容了"道"的特点，它与可闻可见的音乐美食之类是不同的。

三十六章　柔弱胜刚强

将欲歙①之，必固张之。将欲弱②之，必固强③之；将欲废④之，必固兴⑤之；将欲夺之，必固与⑥之，是谓微明⑦。

柔弱胜刚强。鱼不可脱于渊⑧，国之利器⑨不可以示⑩人。

▶ 注释 ◀

①歙（xī）：收敛，收拢。②弱：削弱。③强：加强。④废：废弃。⑤兴：兴起。⑥与：给予。⑦微明：隐微而显明。⑧鱼不可脱于渊：鱼不能离开深渊。⑨利器：锐利的武器，指赏罚、权谋等政治手段。⑩示：显示，炫耀。

▶ 译文 ◀

想要使它收拢，必定使之扩张。想要使它削弱，必定使之强盛；想要使它废弃，必定使之兴举；想要夺取它，必定给予它，这就是隐微而显明。

也是柔弱胜过刚强的道理所在。鱼不能离开深渊，权势禁令这些国家赏罚权谋不能随便向人炫耀。

物极必反

"将欲歙之，必固张之。"将要收拢的，必先使它扩张。"将欲弱之，必固强之。"将要削弱的，必先使它强大。"先欲废之，必固兴之。"将要废除的，必先使它兴旺。"将欲夺之，必固与之。"将要夺取的，必先给予。

在事物发展的过程中，张开往往是闭合的一种征兆或者说先期动作。事物总是处于不断对立转化的状态中，当事物发展到某一个极限，必然会向相反的方向转化，譬如月圆的时候，便意味着月亏，月亮圆满便是月亮亏缺的征兆。人们常说"冬天来了，春天还会远吗"，也是这个道理，冬天就是春天的征兆。老子这句话，也被后世引申扩展为计策权谋之道。

世事常常处在因果循环之中，如同自然之道。强大之时，正是走向衰亡的开始。人生也是如此，需要时时注意。忘记了自己所处的位置，必然会蒙蔽灵魂，走向失败。

前面讲"合与张""弱与强""废与兴""取与予"这四组矛盾的对立统一，通过对事物发展的具体分析，阐述了"物极必反"的辩证法思想。"是谓微明。柔弱胜刚强。"从微弱、渺小的地方，能看出大道理，就是从微而明。

在对立统一的矛盾双方，老子宁愿居于柔弱的一方，因为"柔弱胜刚强"。按照这个道理为人处世，往往可以立于不败之地。这也是老子的精神所在。天下最柔弱的莫过于水，水尽管柔弱，持之以恒却可以穿透石块，这就是柔弱胜刚强。老子主张的柔弱，是要谦退礼让，在卑微之处应对世界。

通过对自然万物以及人情世故的深入观察，在柔弱与刚强的对立之中，老子断然提出了"柔弱胜刚强"的道理。内敛的事物往往富有韧性，生命力旺盛，发展的空间也大。相反，表面刚强的事物，因为过于显扬外露，往往失去发展的前景，因而不能持久。

　　"鱼不可脱于渊，国之利器不可以示人。"鱼在水里力量大，生命力强，一旦离开水就完了。"龙游浅水遭虾戏，虎落平阳被犬欺。"所以，要懂得自处之道。国家生存命脉之所在不能轻易示人。做事要小心谨慎，懂得前因后果。因为在平常不注意的地方，往往会埋下失败的种子。

三十七章 无为而无不为

道常①无为而无不为。

侯王若能守之，万物将自化②。化而欲作③，吾将镇④之以无名之朴⑤。无名之朴，夫亦将无欲。不欲以静⑥，天下将自定。

▶ 注释 ◀

①常：也写作"恒"，永远的意思。②自化：自由生长、自我化育。③化而欲作：自由生长而有私欲发作。欲，欲望，私心。作，萌生。④镇：压制。⑤朴：质朴。⑥不欲以静：不起贪欲而归于宁静。

▶ 译文 ◀

道通常什么也不成为，而是顺其自然，这样什么都可以成为。

侯王若能坚守它，天地万物就会自然化育，天下也将安定。万物成长若产生了私心杂念，就用质朴之道震慑使它回到混沌状态。这样用道的质朴来震慑，就不会产生私心杂念。没有私心杂念，天下自然归于静定，永没有倾覆的危险。

道常无为

"道常无为而无不为。"衍生万物的"道"本身是无为的，因为无为，所以无处不起作用。这句话的本意是顺应自然之道，不去刻意妄为。老子一再提倡"无为"，并不是说什么都不做，无所事事坐享其成，而是说要抛弃个人的心智技巧，去除私心杂念，不恣意行事，顺应自然法则而行事。

"侯王若能守之，万物将自化。"诸侯王若能知道并坚守这个道理，那么就能功业有成，万物自然化育。对于修道而言，就要放弃私心杂念以及功名思想，所谓"万缘皆空"，就是这个道理。这也是人生的道理，把握住了无为，就能做到"万物将自化"。真正做到了放下，才能无所不为。

"化而欲作，吾将镇之以无名之朴。"人若能坚守"道"，万物将自化。"化而欲作"，如果在清静无为中，想起作用就要保持原始的纯真质朴。在作用的时候，才能取之不尽，用之不竭。

"道常无为而无不为"，把自然之道引入人类社会，希望统治者按照"无为而无不为"的法则来治理国家，从而引出"化而欲作，吾将镇之以无名之朴"的结论。老子认为，理想的执政者，只要恪守"道"的法则，就会达到"天下将自定"的效果。由此可见，老子从社会发展的角度看问题，表现出内心深沉的历史责任感。

"无名之朴，夫亦将无欲。"什么叫"无名之朴"呢？就是没有欲望，欲望自然无所依存。佛家曰"空"，即无所求，无所依，万物皆空。

"不欲以静，天下将自定。"做到了无欲，内心自然静定，那么天下也将安定。总之，要做到天下安定，先要自己清静。为人处事创业，也是同样。若是碌碌而为执意成功，内心不能沉静，没有长远计划，那恰恰不能成功。这也是柔弱胜刚强的道理。做事勤劳，细水长流，无所求无所欲，不放弃努力，最后一定会成功。

本章是《道德经》中"道经"的尾章，重点是论述君主无为而民自化的道理，讲治国之道。老子认为"道法自然"，自然是无为的，所以"道"也无为。"静""朴""不欲"都是无为的表现形式。把"道"的观念落实到"无为而治"的社会理想之中。在老子看来，为政者若能顺应自然之道治理国家，不危害人民，不胡作非为，不妄加干涉，人民就会自由成长，不会滋生更多的贪欲，社会也会长期稳定。

三十八章　上德不德

上德不德①，是以有德；下德不失德②，是以无德。上德无为而无以为③，下德为之而有以为④。上仁为之而无以为⑤，上义为之而有以为⑥，上礼为之而莫之应⑦，则攘臂⑧而扔之⑨。故失道而后德⑩，失德而后仁，失仁而后义，失义而后礼。夫礼者，忠信之薄而乱之首⑪。前识者⑫，道之华⑬而愚之始⑭。是以大丈夫处其厚⑮，不居其薄⑯；处其实，不居其华。故去彼取此⑰。

▼ **注释** ■

①上德不德：拥有上等品德的人顺应自然，不追求仁义之类的品德。德，道的具体体现，指自然德行。②下德不失德：拥有下等品德的人，不失去仁义之类的品德。③上德无为而无以为：上德的人顺其自然而无心做作。④下德为之而有以为：下德的人顺应自然而有所作为。⑤上仁为之而无以为：上仁的人想有作为而无所作为。⑥上义为之而有以为：上义的人想有所为而有所作为。⑦上礼为之而莫之应：上礼的人有所作为却得不到回应。⑧攘臂：伸出手臂。⑨扔之：用手牵引、强拽。⑩失道而后德：失去了"道"而后有"德"。⑪忠信之薄而乱之首：忠信的末尾，祸乱的开端。⑫前识者：有先见的人。⑬华：虚华。⑭愚之始：愚昧的开始。⑮处其厚：立身于淳厚的品德。⑯薄：浅薄。⑰去彼取此：去"礼"而取"道"与"德"。

▎译文 ▎

上德的人顺应自然，不刻意显露德名，因此却是有德。下德的人有心显露自己不背离"德"，实际上是没有"德"。上德的人顺其自然而无心作为，下德的人在形式上表现"德"并有心做作。上仁的人有所表现但出于无意，上义的人有所表现却出于有心，上礼的人有所作为却得不到回应，于是就伸出胳臂，强拉硬拽。所以，失去了"道"而后才有"德"，失去了"德"而后才有"仁"，失去了"仁"而后才有"义"，失去了"义"而后才有"礼"。礼仪这个东西，是忠信的末尾，是祸乱的开端。那些所谓"先知"，不过是"道"的虚华，愚昧的开始，因此大丈夫立身敦厚，而不居于浅薄；存心朴实，而不居于虚华。所以要舍弃浅薄的"礼"而取厚重的"道德"。

德仁义礼

从这一章开始，是为"德经"。前面讲"道"，设定了一个范围，是讲道的本体。下面讲"德"，"德者，得也"，其实是讲道之所用。本章抨击了当时春秋时期社会上的仁、义、礼对自然之道的破坏，重点是针砭时弊。

"上德不德，是以有德"，具有上等品德的人，因为符合自然之道，并不刻意表现自己。帮助了别人，也不让别人知道。这才是真正的有德。"下德不失德，是以无德。"下等的"德"，故意让人看出来，以示自己不背离"德"，不是真正的"德"。也可以说是无德。

"上德无为而无以为"，真正的"德"，合于形而上的"道"，发生作用的时候，是自然而然的，不会刻意而为，所以让人觉得也没做什么。"下德为之而有以为。"稍微差一点的

"下德"，是有所做而有所为的，看起来孜孜为善，人人知道是好。这是划分"上德"与"下德"的标准。

上德是无心的流露，这是符合自然之道的品德。下德是有心的产物，是人为的品德，含有勉强的成分，也容易使人心虚伪。所以下德的人自以为没有违背"德"，实际上没有达到"德"的境界，所以称之为"无德"。

"上仁为之而无以为，上义为之而有以为"，最好的"仁义"，不去刻意表露，使人看不出来。能够表现出来，看得出来的"仁义"，就差了那么一点，不是最好的"仁义"。

"上礼为之而莫之应，则攘臂而扔之。"仁义之后，就是"礼"，真正的"礼"，看不出形态。中华民族号称"礼仪之邦"，其实并不是指日常生活中的礼仪、礼貌。真正的"礼"是高度的文化，涵盖社会的各个层面，包括政治、军事、教育、经济等各方面。文化衰微的时候，常会以"礼"来粉饰门面。其实，真正的"礼"是不用回应的，也不会让人看出它的作用。

三十九章　昔之得一者

　　昔之得一者①，天得一以清，地得一以宁，神得一以灵，谷得一以盈，万物得一以生，侯王得一以为天下贞②。其致之③。

　　天无以④清将恐裂，地无以宁将恐发，神无以灵将恐歇⑤，谷⑥无以盈⑦将恐竭⑧，万物无以生将恐灭，侯王无以贵高将恐蹶⑨。

　　故贵以贱为本，高以下为基。是以侯王自称孤寡不谷⑩。此非以贱为本邪？非乎？故致数舆无舆⑪。不欲琭琭⑫如玉，珞珞⑬如石。

▶ 注释

　　①昔之得一者：古时候那些得道的。②天下贞：天下安定。③其致之：推而广之。致，相当于"推"。④无以：没有什么可以用来。⑤歇：消失。⑥谷：河谷。⑦盈：满。⑧竭：尽，干。⑨蹶：跌倒，引申为挫折，失败。⑩孤寡不谷：诸侯王对自己的谦称。孤，意思是说自己孤单，有争取臣民拥护的意思。寡，与孤相似。寡德的意思，指自己德行不好。不谷，不善的意思。⑪舆：声誉，荣誉。⑫琭琭：光彩的样子，形容美玉。⑬珞珞：质朴的样子，形容石块。

▶ 译文

　　古来凡是得道的：天得道而清明，地得道而宁静，神得道而灵动，河谷得道而充盈，万物得道而生长，侯王得道而天下安定，这是因为达到了浑融一体的境界，所以有了这个效果。

推而广之，天没有清明终会崩裂，地如果安宁终会塌陷，精神没有灵动终会寂灭，山谷没有充盈终会枯竭，万物没有生长终会灭亡，侯王没有天下安定终会被颠覆。

所以，贵以贱为根本，高以低为基础。因为这个道理，侯王才自己谦称为"孤""寡""不谷"。这难道不是把低贱当作根本吗？难道不是吗？所以，最高的赞誉是无须夸誉的。因此有道的统治者不愿意如玉一般华美，宁可像石块一样坚实朴质。

一以贯之

"昔之得一者"，古时那些合于自然之道的事物。一，道。因为道的独一无二性，所以老子常用"一"来表示"道"。

老子认为，"道"是构成天、地、神、谷以及万物的要素，不可或缺。万物正是因为有了"道"的内涵，才足以成其为万物。世间的一切都在流动、变化，这些变化的基础是矛盾双方的对立统一，所以说"天得一以清，地得一以宁，神得一以灵，谷得一以盈，万物得一以生"。

孔子说："吾道一以贯之。"看门的人听了不理解，曾子解释说："夫子之道忠恕而已矣。"孔子的话是说，明白了一个道理，可贯穿于万事，则万事归于一理。曾子以忠恕之道回答看门的人，是以简明的比喻形式作答。忠恕，尽己之谓忠。己所不欲，勿施于人，谓恕。

"天得一以清，地得一以宁"，天地得到了"道"，就会清静安宁。"神得一以灵"，人的精神符合自然之道，就能保持灵动活泛。"谷得一以盈"，山谷中什么也没有，一片虚空。正因为空，才能有所容纳，所以虚空即是充盈。

"万物得一以生"，天地万物有了"道"的作用，才生生不息。"侯王得一以为天下贞。其致之。"帝王得到了"一"，就能取得天下，做到事业的成功。上面的事物都因为得"一"而得到了它们应有的。

"天无以清将恐裂，地无以宁将恐发"，天地，本来应该是平静安宁的，如果离开了"一"，即离开了"道"的作用，就会天崩地裂，引发各种灾难。"神无以灵将恐歇"，如果不能修身养性，保有精神，将会头昏脑涨，进而崩溃。"谷无以盈将恐竭，万物无以生将恐灭"，山谷没有"一"就会枯竭，万物没有"一"，就会灭绝。"侯王无以贵高将恐蹶"，侯王处理事情，违反了自然之道，就会造成错误，终归导致失败。这是天地之常理，没有办法改变。

老子所说的"一"其实就是"道"。"道"是衍生万物的根源，"德"为万物之母。所以，天得道，因而清明；地得道，因而安宁；神得道，因而灵通；谷得道，因而充盈；万物得道，可以生生不息；侯王得道，可以平定天下。相反，天无道，必然崩裂；地无道，必然塌陷；神无道，必然消亡；谷无道，必然枯竭；万物无道，必定寂灭；侯王无道，必定败亡。

"故贵以贱为本，高以下为基。"所以，真正的高贵起于卑微，经过不断努力修持而成。伟大的崇高从平地开始，以之为基础。

"是以侯王自谓孤寡不谷。"上古之时，帝王常自称"孤家""寡人""不谷"，这是因为自认德行不够。"不谷"的意思，指自己没有吃饭的资格。所以，上古帝王对自己的称谓，就是"以贱为本"，时刻警告自己，不可忘了根本。

"故致数舆无舆"，也写作"誉"，指古代的马车。这句话意思是说，一个人拥有的太多了，就等于没有。或者说过分追求荣誉，反而得不到荣誉。

四十章　反者道之动

反者①，道之动②；弱者，道之用③。

天下万物生于有④，有生于无⑤。

▶ 注释 ◀

①反者：相反、相对；反复、循环。②道之动："道"的运动规律。③弱者，道之用：柔弱是"道"的作用。④有：指天地万物。⑤无：指"道"。

▶ 译文 ◀

"道"的运动是相反相成的，在循环往复之间，"道"的作用是柔弱灵动的，因势顺导。

万物之所以存在，是因为它们有名，而有名又生于无名无形的"道"。

有无相生

"反者，道之动；弱者，道之用。"任何事物的发展，都有相对的一面，有去就有回，有动就有静。也就是说，事物总是在向自己的对立面发展变化，这是"道"，是自然规律。

"柔弱"是自然规律和"道"发挥作用的特点，因为道的作用完全是自然而然的，不会令事物感到任何压力。日常工作，不要怕有反对意见，反对意见正是"道之动"，能够促进事物的发展。换句话说，有反对才有启发，才有进步。这是指导实践的根本原则。

这是对"背持"的哲学解释。"背持"的发生表现为力度的变弱，完全符合"弱者，道之用"的特点。比如，走到山顶就是快要下山了，走到山谷则要攀登。那么，怎样才能长久呢？强势通常难以持久，永远保持某种状态几乎是不可能的，所以，强势之后如果不能更强，就容易产生"背持"，开始走向事物的反面。要想不走下坡路，就要在"弱者，道之用"上想办法。"物壮则老"，"木强则折"，"知足不辱，知止不殆，可以长久"。所以，要想长久，就要保持"柔弱"的状态。俗话说"细水长流"，维持柔弱是得以长久的哲学依据。

如何才能做到积累德行，相对于世人而言，唯有坚守柔弱才可以积累大德。常行善事，善居低处，凡是合于自然之道的，都会使人的德行得到提高，也会得到好的回报。

老子认为，天地万物的运动和变化都遵循一定规律，而"反"就是其中之一。意思是说，任何事物都是在相反相成的状态中出现的，如静动、虚实、强弱、刚柔，这种相反相成的作用是推动事物变化发展的力量；同时，一切事物的变化发展都向着它的起始反复，而这个起始便是虚静。纷繁的事物只有返回根本、抱持虚静，才能避免烦扰纷争。

四十一章　上士闻道

上士①闻道，勤而行之②；中士闻道，若存若亡③；下士闻道，大笑之④，不笑不足以为道⑤。

故建言⑥有之：明道若昧⑦，进道若退，夷⑧道若颣⑨，上德⑩若谷。大白若辱，广德⑪若不足，建德⑫若偷⑬，质真⑭若渝⑮。大方无隅，大器晚成，大音希声，大象无形。

道隐无名，夫唯道善贷且成⑯。

▶ 注释 ◀

①上士：上等的士。②勤而行之：积极修道。③若存若亡：有时想起，有时忘掉。④大笑之：对"道"大加讥笑。⑤不笑不足以为道：不被嘲笑，那就不足以成为"道"。⑥建言：古代的俗谚。⑦昧：暗昧。⑧夷：平坦。⑨颣（lèi）：崎岖不平。⑩上德：崇高的"德"。⑪广德：广大的德。⑫建德：刚健的"德"。⑬偷：怠情、松垮。⑭质真：质朴纯真。⑮渝：通"窬"，空虚。⑯善贷且成：善于帮助且成就万物。贷，施予；成，成就。

▶ 译文 ◀

上等的士听闻了"道"，就去勤勉印证。中等的士听闻了"道"，似有所动，但终无所得。下等的"士"听闻了"道"，只会加以嘲笑，不被嘲笑，就不是真正的"道"了。

所以，上古有这样的格言：明显的"道"，好像很暗昧，前进的

"道"，似乎在后退，平坦的"道"，好像很崎岖，崇高的"德"好似是低谷，最洁白的好像污黑，广大的"德"好像不足，刚健的"德"好像怠惰，充实的"德"好像空虚。最方正的反而没有棱角，大的建筑不能很快完成，大的乐声反而少有声音，大的形象反而看不见形体。

"道"隐微而无名。只有"道"，善于施予万物而且成就万物。

道隐无名

"上士闻道，勤而行之"，上等的士，听闻了关于"道"的言谈，就去勤勉印证，加以实行。"中士闻道，若存若亡，"中等的士，听闻了关于"道"的言谈，似信非信。"下士闻道，大笑之"，再次一等的士，听到大家论"道"，哈哈大笑，加以嘲讽。"不笑不足以为道。"不引起嘲笑，就显不出"道"的高深。

由此可见，根据德行大小和对于"道"的领悟程度，人可以分上、中、下三等。上等的，对"道"的领悟最深，会身体力行。中下等的，对"道"的领悟较浅，有所隔阂，甚至对"道"加以否认嘲笑。

下面从正反两面说明道的应用。

"故建言有之：明道若昧，进道若退，夷道若纇，上德若谷。"建言，就是谚语、俗语的意思。古代有这样的格言，光明的"道"，像是处于幽昧，有一点模糊。古汉语"昧爽"一词，指天要亮而未亮之际，黎明前最黑暗的一段时间。

所以，不要认为白天才叫光明，真正的光明就像黑夜。如同宇宙航行，黑暗与光明之间紧紧相邻。事情将要成功时，常有一段艰苦困苦的时刻。体育锻炼时会出现"极点现象"，身体处于极度疲累状态，挺过去那一阵，就会变得轻松了。

"进道若退"，进取的"道"，像是在退步。做学问到了一定程度，反而会觉得是在退步。比如练字，练到一定程度，越练越难看。这时千万不要放弃，因为是必经的过程。"夷道若颣"，平坦的道路，像崎岖的小路。面对这些要积极去解决。

真正有修养，内心充实有学问的人，会虚怀若谷处处谦逊，觉得自己一无是处。所以"上德若谷"，不会主动去显露自己。只有虚怀若谷，才能包罗万象。学问人品皆是如此。俗话说"一瓶子不满，半瓶子晃荡"，稍微有一点知识，而知识并不丰富，略有一点本领，而本领并不高强的人，总是喜欢到处显摆，卖弄自己。

"大白若辱"，真正的白，看上去似乎沾有污垢。"广德若不足"，广博的德普照万方，好像有所不足。真正的厚德之人，反而觉得自己不够宽广，这是一种胸襟。"建德若偷"，偷，奸巧。建立德业时，成果没显现前，人们是看不明白的，往往被认为是偷工减料，使用奸巧。"质真若渝"，质地很好的事物，看起来好像是假的。做人做事也是一样，对人诚恳往往会被怀疑。这就是人情的现象。

"大方无隅"，虚空之中，没有方向，也没有角落。任何一面都是虚空，没有东南西北。"大器晚成"，大的建筑，不会很快建成。就像西方谚语"罗马不是一天造成的"。"大音希声"，最大的声音反而听不到。宇宙很宁静，到高山之巅，会感到一种恢宏的宁静。这就是"大音"。

"大象无形"，虚空是没有形象的。只是，我们所看到的虚空，并不是虚空，而是天空。

"道"以诚善、柔忍为特征，无意示强、斗智、较力、争利，这与世俗的标准相反，所以常被误解。"道"恍兮惚兮，暗昧不明，是人看不见的。"道"好静、处柔、以和，人却以为保守、怯懦。"道"平坦、宽大，人却以为高不可攀，曲不可行，艰难险阻。

　　崇高的德虚怀若谷，广大的德似有不足，厉行的德像是懈怠，朴真之至却似混浊，洁白之至却似被玷污，最大的方形没有棱角，最大的器皿完成在最后，最大的音乐听来无声，最大的形象没有踪影。没有别的原因，只是因为它们符合于"道"。

　　"道隐无名"，道隐藏于虚空之内，不能看见它的本体，要如何去了解呢？世间的一切作用，一切现象都有它的作用。所以，道是"无名"，没有名相可见。因为它本身无名、无相、无形、无体之故。严格地讲，虚空是无相无形的。正反两面都是道的应用，而"道体"却看不见。道之用，包含善恶是非，轻重正反。宇宙万物，时刻都在变化。

四十二章　负阴抱阳

道生一①，一生二，二生三，三生万物。万物负阴而抱阳②，冲气以为和③。

人之所恶，唯孤④寡⑤不谷⑥，而王公以为称⑦。故物，或⑧损之而益⑨，或益之而损。人之所教⑩，我亦教之。强梁者⑪不得其死⑫，吾将以为教父⑬。

▶ 注释 ◀

①一：指道。道混沌而成，独立而无二，故称。②负阴而抱阳：背阴而向阳。负，在背后；抱，在胸前。③冲气以为和：阴阳二气互相交冲而成均匀、和谐状态。或说形成和气。冲，交流、激荡。和，指阴阳相合的和谐状态。④孤：孤单，一说孤德。⑤寡：孤独，一说寡德；⑥谷：不善。⑦以为称：以之为称。用这些作为自称。⑧或：有时。⑨损之而益：减损反而增益。⑩人之所教：别人教我的。⑪强梁者：横行无道的人。⑫不得其死：不得好死。⑬教父：施教的根本。

▶ 译文 ◀

"道"使宇宙混而为"一"，这个"一"又产生"阴阳二气"，"阴阳二气"相交而调匀和谐，使万物得以独立存在。万物背阴而向阳，浑融于道而谐和。

人们所嫌恶的，是"孤""寡""不谷"，但王公却用来称呼自己。所以，一切事物会因为减损而有所增益，会因为增益而减损。别人的教训，我也作为教训。强行霸道的人不得好死，我把它作为指导人生的教条。

冲气以为和

本章论道，讲述了宇宙生成的过程，老子认为，道是独立存在的混沌整体，它的产生有一个渐进的过程，先是由道而生天地，天地蕴含阴阳二气，阴阳二气互相交冲形成和谐之气，于是就产生了万物。并指出要遵循自然之道，讲究德行的积累，做到"冲气以为和"。

"道生一，一生二，二生三，三生万物。"老子认为，"道"可以衍化万物。由于"道"是独一无二的，又是宇宙之源，因此老子称之为"一"，如"昔之得一者""是以圣人抱一，为天下式"。

"二"，指阴阳二气，也即天地。宇宙生成混沌未分时，在较高层次的时空，"道"兼具正反两种物质属性，有清、浊之分。然后，两种物质有了差异。清为阳，上浮为天；浊为阴，下沉为地。"一生二"，指"道"逐渐分化，阴阳本身也在变化，阴中有阳，阳中有阴。这是万物生成的基本元素。"二生三"，指由阴、阳二气相合而衍生万物，"三"不是实指，而是众多的意思。

"负阴而抱阳，冲气以为和。"天地之间的任何一样事物，都是由阴阳二气构成的，由此生生不息。阴阳之间虽有相生相克，万物依旧和谐有序。做到阴阳调和，才算把握了修行之道，既不散乱又不昏沉，既不痛苦也无欢乐。生命之奥妙，修持之诀窍，就在于怎样做到"冲气以为和"，这是一个关键。宇宙间的自然法则，为人处事之道，也蕴含在其中。

有人认为，"和"指阴阳相激荡而产生的另一种气，冲气、阴

119

气、阳气是宇宙间的三种气，"冲"在这里是虚空的意思，它是"道"的一种特性，正如"道冲，而用之或不盈。"这种尚未完全分化的气与"道"差不多，故也称之为"一"。

人体有阴阳，每个生命都是"负阴而抱阳"。体会到了这个道理，就可以把握生死永远不老。老子这段话理论上是可能的，作为生命自然长久之道，关键仍然在于如何把握"冲"的运用，调和阴阳。修行有道的人，跳出三界外，不在五行中，孔子在《易经·系辞传》中说"阴阳不测之谓神"。如果阴阳二气不能调和，就不能生生不息。万物本身有阴阳，不须向外求，只要把握"冲气以为和"，就可以掌握自己生命的奥妙。

"人之所恶，唯孤寡不谷，而王公以为称。"人们最厌恶的是"孤、寡、不谷"。在古代，高高在上的帝王常自称为"寡人""孤家""不谷"。这是谦称，表示对天地自然的尊敬。

"故物，或损之而益，或益之而损。"这里的"损之而益"是使之得到利益，使它成器。譬如一棵大树，加以修剪才可以长直。"益之而损"的道理，恰好相反。看上去是增益，其实是减损。这说明了事物之间的辩证因果关系，如同"大白若辱""大直若曲"。

用之于人生，则是"祸福相倚"。觉得倒霉时，何尝不是塞翁失马，焉知非福呢？所以，一件事无论好坏，全在自己的运用。善于运用与否，仍然在于个人。红尘之中物欲横流，存在种种诱惑，其间必然也有危险。环境大致如此。若是只看表面得失，满足了物质欲望的同时，很可能迷失了自我。物质上的得失，德行上的损益，其间蕴含着对立统一的辩证法则。若想两方皆有所得，只有重视心性的修为，重视道德的指向，才能经营成功的人生。

四十三章　天下之至柔

天下之至柔①，驰骋②天下之至坚③。无有④入无间⑤，吾是以知无为之有益⑥。

不言之教，无为之益，天下希⑦及⑧之。

▶ 注释

①至柔：最柔软。②驰骋：纵马疾驰，引申为驾驭之意。③至坚：最坚硬。④无有：无形的力量。⑤无间：没有间隙的东西。⑥益：益处。⑦希：少。⑧及：到达。

▶ 译文

天下最柔弱的事物，能够驰骋天下，克服最坚硬的事物。虚无的力量能够穿透没有间隙的东西，我因此懂得了"无为"的好处。

不言的教诲，无为的益处，没有什么能比得上，也很少有人能够认识到。

无为之益

"天下之至柔，驰骋天下之至坚。"柔则无坚不摧。天下最柔弱的东西，往往能够在坚硬的事物之中自由驰骋。至坚，至刚至阳。为什么这样说呢？可以用水来说明，"滴水穿石"是最好的例证。水，看似柔弱无力，其实积蓄着惊世骇俗的力量。如果建筑堤坝以防，水会慢慢积蓄，等到涨满了，则会泛滥成灾，淹没千里。此外，俗话说"英雄难过美人关"，说明了女子的温柔，往往可以融化男人的坚强。这些说明了柔能胜刚的深刻道理。

"无有入无间"，无有就是虚空，是无形的力量。无间，没有间隙。无形的力量可以穿透没有间隙的东西。所以，虚空可以进入任何地方。虚空可以无坚而不摧。佛家曰空，空即是色，色即是空。道家则是用至柔之阴，无坚而不摧。

为什么"天下之至柔"可以"驰骋于天下之至坚"，为什么"无有"可以"入于无间"。这是因为，柔到了极点，决不追名逐利、争勇斗狠。以至柔之道而处世的人，必能自立于卑微之处，能够有足够的容纳和承受，所以能够利益万千，得到人民大众的广泛支持。这是做人的最高标准，也是求道的最高标准。尘世可以一无所有，胸怀却要兼济天下。似乎弱不禁风，却可以排山倒海。似乎一贫如洗，却足以开天辟地。这就是人格精神的伟大，也是纯粹之道德的伟大。到了这种境界，世间的所谓至坚，其实都不堪一击；世间的所谓细密，其实都游刃有余。这就是"至柔"的力量所在，容纳一切，承受一切，利益一切。

"吾是以知无为之有益。"我因此知道了"无为"的好处。因为运用了朴素的辩证法，老子的哲学思想有着强大的辩证力。这源于对世界存在方式的深刻感知，透过现象把握住了事物的本质。基于这种思想而引发的人生理想、政治主张，便是以退为进，以柔制刚，无为而治。由此看来，可知"无为"之有益。"一切有为法，如梦幻泡影"，都是靠不住的，真正的虚空是无为，无为则无往而不利。

那些好勇斗狠的人，所凭借的不过是一时之力，所争夺的不过是身外之物。无论如何强壮，都不过在较低层次的竞争。或有胜负，不过是蝇头蜗角，彼此受害。这和超越尘世，拥有生命伟力的圣人相比，显然不在同一个生命境界。圣人不争而万物在，不怒而威严存，不求而美名扬，不为而无怨悔。

"不言之教，无为之益，天下希及之。"不用言语而让人自然得到教诲，不用过多干涉而让人自然受益，天下很难有人能做到这一点。不言之教，就是遵循自然界的客观规律，作为行事的准则。这些自然界存在的对立统一辩证关系，虽然不会主动表述自己，但借助观察可以认知到恒久不变的道理。

近代教育家叶圣陶说"教为了不教"，这与老子的思想基本一致。教是为了让人亲身体悟，由教而学。一切事物的发展都有规律可循，这个规律就是"道"，所谓"人法地，地法天，天法道，道法自然"。教育就是遵循自然规律，发展人的自然本性。

四十四章　名与身孰亲

名与身①孰亲②？身与货③孰多④？得与亡孰病⑤？

是故⑥甚爱必大费⑦，多藏必厚亡⑧。

知足不辱⑨，知止不殆⑩，可以长久。

▶ 注释

①名与身：名誉和生命。②孰亲：哪一个更值得重视。亲：亲切，重要。③货：财货、财富。④多：推重，珍贵。⑤孰病：哪一个更为有害。⑥是故：因此。王弼本有此二字，帛书甲本、河上公本无。⑦甚爱必大费：过分喜爱虚名必定招致大的耗费。爱，本意是吝惜。大费：大的耗费。⑧多藏必厚亡：丰富的收藏必会招致惨重的损失。⑨知足不辱：知道满足就不会遭受屈辱。⑩知止不殆：知道适可而止就不会有大的危险。止，停止。殆，危险。

▶ 译文

名誉与生命，哪一个更值得亲近？生命与财产，哪一个更值得看重？获得与失去，如何才能保持内心的淡定，不为其痛苦？过分的贪婪必定招致过多的破费，丰厚的收藏就会招来沉重的损失。所以，懂得自我满足就不会遭遇耻辱，懂得适可而止就不会遇到危险，只有这样才可以保持长久。

知足不辱

"名与身孰亲？身与货孰多？得与亡孰病？"名誉和生命比起来，哪个更值得珍惜呢？生命和财货比起来，哪个更为重要呢？答案不言而喻，与名誉和财货相比，当然生命更为重要。

得与失哪一样更为有害？很多人会说，当然是得到比较好。但是，一个人名利相关，就一定要承受名利所带来的隐患。名本是虚名，与身体没有关系，虽然有时可以拿来作为炫耀的资本，其实并无实际的意义。生命、名誉、财货是互相为用的关系，得与失也是如此。

世人碌碌，无非为了名利。事实上，虚名与生命相比，是微不足道的。利也是假的，一般人只想没有钱如何吃饭，因此孜孜以求，却不知汲汲名利对于身心的戕害。"名利本为浮世重，世间能有几人抛。"名利是世人所看重的，有谁有勇气抛去不顾呢？对于帝王，天下与权位固然重要，但若没有生命，又有什么用呢？世人为了财富，为了虚名，忙碌一生，连命都拼进去，又何苦呢？

"是故甚爱必大费，多藏必厚亡。"对一样东西过分看重，过分珍爱，那么必然要为此付出更多的代价。"生不带来，死不带去"，收藏的东西再多，最后也是为别人所藏。

名望与财富都是身外之物，固然重要，却不可以长久保持，与生命的永恒价值没有必然关系。所以，善待生命，保障生命，才是最重要的。在物质的世界里，获得不一定是好事，失去不一定是坏事。从道德的角度而言，获得就意味着德行的亏损，失去

125

就意味着德行的提高。所以，过分吝惜物质而不懂得舍弃，就会在道德上有所失去，再也收不回来，这是更大的浪费。

"知足不辱，知止不殆，可以长久。"懂得了满足，才不会招致屈辱。懂得了适可而止，就不会引来危险。只有这样才可以保持长久。人活世上，什么是福气呢？人们常说"吃亏是福"，这是有道理的。真正的福气没有标准，但内心的自我满足却是可以自己把握的。所以"知足常乐"。把握住了现实，得到一定的享受，能够自我满足，不贪得无厌，就是对物理人情的最好诠释。

但是，现实世界，人的欲望似乎永无停息，永不满足，所以永在烦恼痛苦之中。个别人"见猎心喜"，只看到了自己想要的物质丰厚，只看到内心的私欲泛滥，不计手段不计后果也要获得，即使来路不明也心安理得。且自以为是春风得意的见证，却不知道早早埋下了违背道德的祸根。然而大道无私，自会根据其善恶大小、德业得失，去做均衡的调整。一切非分所得，必然要付出应有的代价。

"知止不殆"，不管做什么事，恰到好处时要学会适可而止。不然的话，就会惹来尴尬和屈辱，甚至招致危险。"功遂身退，天之道"，老子的这句名言意味无穷。告诉我们知止、知足的重要，不要被虚名所误，不要被情感得失蒙蔽，这样才可以保持身心舒泰，可以获得生命之长久。

所以，人要知道满足，才不会遭受困辱。人要知道适可而止，才不会遭遇危险。真正的保全之道，只有重视内心的道德，遵循自然的法则。这样才可以保全生命，获取生命的升华。若想不断贪求不断追逐物质上的享受，就犯了前面所说"大费"的毛病，结果一定是"厚亡"。财富、权力都是如此，一切的东西不能用之于私。

四十五章　大成若缺

大成①若缺②，其用不弊③。大盈若冲④，其用不穷⑤。

大直若屈⑥，大巧若拙，大辩⑦若讷⑧。

躁⑨胜寒，静⑩胜热，清静为天下正⑪。

▶ 注释 ◀

①大成：完美，圆满。②若缺：好像有所欠缺。③弊：也作
"敝"，破败，衰竭。④冲：也作"盅"，虚空。⑤穷：穷尽、枯
竭。⑥屈：曲，弯曲。⑦辩：雄辩。⑧讷：迟钝。⑨躁：烦扰，躁
动。⑩静：清静。⑪正：通"贞""政"，君长，楷模。

▶ 译文 ◀

完美的事物好像有所欠缺，但它的作用不会衰竭。充实的东西好
像有点空虚，但它的作用不会穷尽。

最直的东西好像弯曲，最巧的东西显得很笨拙，最好的口才似乎
不善言辞。

清静战胜躁动，寒冷战胜炎热，清静无为可以成为统治天下的君长。

清静为天下正

"大成若缺，其用不弊。大盈若冲，其用不穷。"天地万
物，过于圆满的，都会存在一点缺陷。正是这一点缺憾，使得它
永远不坏。大盈就是大满，真正的充盈，这就是"冲"，是一派

128

虚空。生命力在于永远流动，所以它的作用永无穷尽。

"大直若屈，大巧若拙，大辩若讷。"世上没有真正的直，直要以曲来体现。真正灵巧的东西，都有一点笨拙。真正会讲话的，往往会很朴实，甚至木讷。

老子所说的"大成""大盈""大直""大辩"与"大巧"，都是一种相对的状态。虽然圆满，似有残缺；虽然充实，似有空虚；虽然正直，似显弯曲；虽然雄辩，仍显口吃；虽然灵巧，却显笨拙。不自满自负，锋芒不显露，就不会妨害品德。有了足够的品德，就会与万物和谐相处。

本章把朴素的辩证法思想延伸到理想的人格，有德必有得，无德必无得。"若缺""若冲""若屈""若拙""若讷"都是对完美人格外在形态的描述。理想人格与虚静、退守的人生追求相一致。

"躁胜寒，静胜热，清静为天下正。"夏季的炎热令人躁动，热气可以战胜寒冷。虚静的内心可以战胜炎热。个人有了清静无为，就可以作为有道者的楷模。统治者做到清静无为，就可以使天下大治。

世道之所以混乱，就是因为违背道德的人越来越多。那些缺德无德，丝毫不把道义放在心上的人，不会有大的成就。积德，要先从正心诚意开始。对大道无所知，不算有智慧；对名利过分追逐，谈不上俭啬；对民生无睹，就是不仁。言行举止之间有所差错，就可能违背了自然之道，因此要时时纠正内心。

四十六章　天下有道

天下有道，却^①走马^②以粪，天下无道，戎马^③生于郊^④。

祸莫大于不知足，咎^⑤莫大于欲得^⑥。故知足之足^⑦，常足^⑧矣。

▶ 注释 ◀

①却：退却，退回。②走马：善跑的马，指战马。③戎马：战马。④生于郊：小马被生在战地郊野。⑤咎：也写作"罪"。祸殃、罪过。⑥欲得：贪得无厌。⑦知足之足：知道满足的这种满足。⑧常足：也作"恒足"，永远的满足。

▶ 译文 ◀

治理天下合于大道，战马可以用于耕田种地。天下无道，秩序混乱，连母马也要被用来作战。

祸患没有比不懂得自足更大的，罪过没有比贪得无厌更大的。所以，懂得了自我满足才能富足，才是长久的满足。

祸患起于多欲

"天下有道，却走马以粪。"天下太平，拉战车的马闲着没用，只好退还给农民去耕田种地。这里的"有道"指天下治理正常，政治清明，社会发展符合自然之道。粪，也写作"播"，指耕田种地。

"天下无道，戎马生于郊。"天下无道的时候，人类的欲望不能停止，战马就要发挥它的作用了。甚至，由于连年战争，马匹征用太多，战场上公马不够用，把母马也用上了，以致在战场上生下小马。当社会陷入紊乱，就会引发战争。纵观人类历史，战争占有相当长的时期，不是东边冒火就是西边冒烟。

对于战争，老子是持反对态度的，这在本书中反复得到阐述。春秋时期，各诸侯国之间以及诸侯国内部各集团之间频繁发生兼并战争，战争给人民带来了灾难和种种痛苦。老子从人道主义出发，呼吁人本精神，并尖锐地指出，战争的根源是封建统治者的不知足、贪得无厌。这种贪欲、不满足的心理是世上最可怕的罪恶、最大的祸根。

"祸莫大于不知足，咎莫大于欲得。"人类最大的祸患和罪恶就是不满足，想占有天下，占有权力；想占有女人，想满足欲望；想占有金钱。祸，也写作"罪"。没有比不知足更大的祸患了。

罪孽没有比纵情声色更重的，祸患没有比不满足更大的，祸殃没有比贪得无厌更恶劣的。如果知道满足，有德者可以长保大德，无德者可以积累大德。德行的缺乏会导致欲望的泛滥，从而招来祸患。德行的缺乏往往导致人格的暗弱，人心的愚昧，被环境左右，被物欲引诱，被世俗俘虏，继而失去先天的本性，而以私欲为主导。

"故知足之足，常足矣。"要想做到天下无事，真正的和平，就要人人反省，人人知足。只有知足了，才能长乐。可悲的是，人心就是不知足的。做到知足常乐的，毕竟很少。

纵观天下治乱，莫不如此。天下之所以大治，即在统治者重视

四十六章 天下有道

131

道德，从而教化天下，使社会风气淳朴。天下之所以大乱，即在治理者有悖于道德，蝇营狗苟，一任私欲泛滥。心无善念，胸无诚意，又长于争斗，自不可能符合大道，更不可能积德。

四十七章　知天下

不出户①，知天下；不阒②牖③，见天道。其出④弥⑤远，其知弥少。

是以圣人不行而知，不见而名⑥，不为而成⑦。

▶ 注释 ◀

①户：家门。②阒（kuī）：从孔隙向外看。③牖（yǒu）：窗户。④出：出去。⑤弥：更。⑥名：通明。明白了解。⑦不为而成：不用刻意而为就能有所作为。不为，即无为，不妄为。

▶ 译文 ◀

不出门，就能知道天下事。不看窗外，就能了解自然规律。出门越远，知道的情况越少。

所以，圣人不待实践就能察觉外界情况，不用亲自观察就能明了事物实质，不用多做多为就能事业有成。

不行而知

"不出户，知天下"，智慧离不开对自然之道的体察和感悟，由此推己及人，才能无所不知。老子不看重外在的经验，却极为重视内在的体验。他认为，心灵是明澈的，就如同一面镜子，本身便能洞察自然、透视世界。不用出门远行，就可以推知天下事。"秀才不出门，能知天下事"，说的就是这个道理。

　　"不阙牖，见天道。"不用向窗户看就能了解大道，知道外面的世界。大道无形，有智慧的人可以通过身边事，推理天下事。

　　有道的人，能够体察大道。不出家门即知天下，不望窗外即知大道，不必经历即知内里，不必眼见即能心明，不必作为即能成功。

　　德是道的应用。对人来说，德是敬天畏命。德行越深，悟性越强。这是一种慈和的力量，内可自省自悟，纠正不恰当的言行，始终保持真善、柔和。用之可以感化众生，使其欲念淡化，心灵纯净，言行端正。有德的人，不修道已在道中，执着越来越少，直到豁然开朗，智慧大显，一眼看透全部的时空。

　　"其出弥远，其知弥少。"这句话仍然是对上面观点的阐述，心灵如一面明镜，可以洞察万物，知晓世事，具有本应有的大智慧。如果向外驰求，就会思虑纷杂，精神散乱，宛如镜面蒙尘，就会走得越远，知道得越少。只有通过自我修养的功夫，内观反照，净化欲念，去除心灵的蒙蔽，以智慧、虚静之心，去观照外物，才能了解外物运行的规律。"出"，指知识越多，越是愚钝。学问越好，烦恼越深。因为普通的常识越多，智慧反而被蒙蔽。所以，修身养性，其实是做内省功夫。

　　"是以圣人不行而知，不见而名，不为而成。"不用亲身经历和观察也能了解世间万物，不去刻意而为也能事业有成。圣人之道是通过内省和体察来感知世界的，这是老子所下的结论。实质是如何做到"不为而成"的境界，不是说什么都不做就能轻易成功，而是要真正做到无欲无求。比如，要想修道有成，长生不老，超越生死，达到一个更高的目标，就要有所舍弃，去掉内心的私心杂念以及种种妄想。所以，要想达到"不为而成"的境界，首先要做到真正的清静无为。

四十八章　为学日益

为学日益①，为道日损②。损之又损，以至于无为，无为而无不为③。

取④天下常以无事⑤，及其有事⑥，不足以取天下。

▶ 注释 ◀

①为学日益：研究世俗学问，需要逐步积累。②为道日损：修行自然大道，就会私欲越来越少。损，也作"亡"，减少的意思。③无为而无不为：不妄为，就没有什么做不成。④取：治理。⑤无事：清静无为。⑥有事：有为，指政令多而繁杂。

▶ 译文 ◀

研究世俗学问要日积月累才能增益，修身养性要使内心的妄求不断减损。减损了再减损，一直达到返璞归真、无知无识的"无为"境地。采取无为之道，就没有什么做不成的。

治理天下，要用清静无为的方法，如果纵情声色政令严苛，那是不足以执掌天下的。

"为学"与"求道"

"为学日益，为道日损。"求学是"有为"法，知识、经验，需要不断积累，愈加愈多。一分耕耘一分收获。老子认为，知识是外在经验的总结，越积累越丰富。但老子并不认同知识对世界的作用，而是认为自然之道，需要心灵的"玄览""静观"。

"为道"，指通过直观体悟的方式，感知内心的虚静，或冥想或体验以把握事物的运行规律。这里的"道"指自然之道、无为之道。日损，指逐步减少欲望。修道的功夫越深，内心的私欲妄想就越少。除去了私欲妄想，就可以返璞归真，至于无为。

由此看来，修道与做学问恰恰相反，是两种完全不同的方式。修道要学会舍弃，把知识学问，以及内心的欲求慢慢放下，最终做到清静无为。二十章说学问之道就是"绝学无忧"，放弃所有知识、观念，超越一切形而下，进入"清静无为"的境界。

"损之又损，以至于无为，无为而无不为。"减损到了最后，一无所有，没有物质欲望，没有私心杂念，没有主观妄想，没有功利思想，最终返璞归真，达到无智无识而又无所不知的"无为"境界。

知识积累越多，对道的领悟就越少。只有减少再减少，去除人为的观念，去除一切执着，才能达到道的境界。

所以，想要寻得大道，就要冲破知识的樊笼。任何知识都有局限性，是较为低级的观念与识见，和天地自然的大道不在同一层次。道是远超世俗之理的永恒之道，需要用无我之心去体悟。追求知识、技能、观念，乃至名利、机巧、欲望者，就不要奢望能得到"道"的垂青，因为这些只会使人执着而偏颇。

四十九章　圣人无常心

圣人无常心，以百姓心为心。善者，吾善之^②，不善者，吾亦善之，德善^③。信者^④，吾信之，不信者，吾亦信之，德信^⑤。

圣人在天下歙歙^⑥，为天下浑其心^⑦。圣人皆孩之^⑧。

▶ 注释 ◼

①无常心：永远没有私心。②善者，吾善之：善良的人，我以善良对待他。③德善：得到善良，使人们向善。④信者：诚实的人。⑤德信：得到诚信，使人们诚信。⑥歙歙（xī）：收敛，或解读为和谐柔顺。⑦浑其心：使人心归于浑朴。⑧圣人皆孩之：使之像孩子那样。

▶ 译文 ◼

有道的圣人没有私心，而以百姓的心作为自己的心。善良的人，以善良对待；不善良的人，也以善良对待。这样可以得到人们的拥戴，整个社会也就归于良善了。诚实的人，以诚实对待；不诚实的人，也以诚实对待。这样就可以得到人们的信任，整个社会也就归于诚信了。

有道的圣人居于统治之位，收敛自己的意欲，使人心归于混沌、淳朴。百姓都专注于自己的耳目，追求自己的欲望，有道的圣人使他们都回复到婴孩般的淳厚质朴的状态。

诚善为本

本章讲圣人的治国之道，指出善待百姓，混沌其心的道理。

"圣人无常心，以百姓心为心。"有道的圣人治理国家，收敛自己的欲望，不以主观认识作为评判善恶的标准，不偏执于一端，克服自我而去体察百姓的疾苦与要求，这就是"无常心"。所谓"以百姓心为心"，就是关心民生疾苦，急百姓之所急，难百姓之所难。人民的需要，就是他的需要。

"善者，吾善之，不善者，吾亦善之，德善。"对于善良的人，或好的建议，以善良来对待。对于不好的人，或反对的建议，也以善良来对待。这样在"圣人"精神力量的感召下，整个社会风气也充满善的一面。

"信者，吾信之，不信者，吾亦信之，德信。"相信我的，加以信任，不相信我的，也加以信任。这是因为"德"是讲究诚信的，以此为感召，可以使天下人都讲究诚信。人性本善，自会觉悟。

圣人之所以成为圣人，即在无私，处处为他人着想。心善则意诚，这里老子所讲的圣人之心，无论善与不善，信与不信，都加以同等对待，就是无分别心。对于陷入困境的坏人，也要加以救治，就是"德善"，也是"至善"。

诚善是"道"的根本，是立身处世的基础。以诚善为本，可积大德，社会风气就不会朝坏的方向发展，个体生命就更容易升华。真正的和谐社会，应该讲求良善与诚信，使人心归于淳朴。打着建功立业的口号，追逐政治利益的最大化，满足于生理的欲望与心理的奢求，也许不是最好的办法。百姓多知多识，则容易故作聪明，追名逐利。如果天下人都似婴儿一般纯真浑朴。天下就会大治，人心就会安宁。

所以，"圣人在天下歙歙，为天下浑其心，圣人皆孩之"。"歙歙"是和谐柔顺的意思。"浑"是浑厚，无论好坏都加以包容化育，众生平等。圣人的仁慈之心是一样的。道德修养到了这个境界，就能代表天地之心。所以，人的道德修养，要效法天地之心，才能达到浑厚质朴。

百姓都竞相用智，追求自己的欲望。必然导致各种纷争。因此，圣人要使他们返回到婴儿的境界，就是绝圣弃智、归复自然。圣人之心以天地为心，也就是父母心，对天下人一视同仁，加以教养感化。这与第二十八章"复归于婴儿"意思一样。

五十章　出生入死

　　出生入死①。生之徒②十有三③，死之徒④亦十有三。人之生动之死地⑤，亦十有三。夫何故？以其生生之厚⑥。

　　盖⑦闻善摄生⑧者，陆行⑨不遇兕⑩虎，入军⑪不被甲兵⑫。兕无所投其角，虎无所措其爪，兵无所容其刃。夫何故？以其无死地⑬。

▶ 注释 ◀

　　①出生入死：来到世间为生，离开尘世为死。人始于生而终于死。②生之徒：属于长寿的那一类。③十有三：十分之三。④死之徒：属于短命夭折的那一类。⑤人之生动之死地：人本来可以得生，但却走向了死路。⑥生生之厚：过分享受物质，酒食厌饱，奢侈淫逸，奉养过厚。⑦盖：句首语气词。⑧摄生：养生。⑨陆行：在陆地上行走。⑩兕（sì）：犀牛。⑪入军：到军队中。⑫被甲兵：被，动词，遭受；甲兵，武器、兵器。被甲兵：指受到杀伤。⑬无死地：没有进入死亡的地域。

▶ 译文 ◀

　　人到世上是生，入于坟墓是死。长寿这一类的，占十分之三，短命夭折的这一类的，占十分之三。人本可活得长久，因为言行举止失当而自己走向死路的，也占十分之三。后一种情况是为什么呢？因为养生过分奢侈淫靡过度，从而糟蹋了生命。

据说，善于养生的人，在陆上行走不会遇到犀牛和老虎，在军中打仗不会受到伤害。对于他，犀牛用不上角，老虎用不上爪，兵器用不上刃，为什么呢？因为他根本没有进入死亡之地。

生死之间

"出生入死"，来到世间就叫作生，离开世间就叫作死。这是中国上古文化对于生死的一种看法，一种观念。认为生死不是问题，不过"生者寄也，死者归也"。人生世上，如同逆旅主人，不过寄居一隅而已，李白"夫天地者，万物之逆旅也；光阴者，百代之过客也，而浮生若梦，为欢几何"，正是此意。生是寄住在世间，死掉就是回去了。用之于兵法，驰骋于敌阵，也称作"出生入死"。

《周易·系辞传》："原始反终，故知死生之说。"观察宇宙万物自然变化，了解昼夜替换的道理，就知道了生死之道。生如花之盛开，死如夜里休息。没有什么可怕。所以孔子说"明乎昼夜之道而知生死"。

在老子看来，生死更是简单，不过在一进一出之间。掌握生命的去留。"生之徒十有三"，人生在世，能够得到正常寿命的占十分之三。"死之徒亦十有三"，属于短命夭折的那一类，也占十分之三。自动走向死地的也占十分之三，原因在于贪图权势、欲望以及生活享受。追求外物的过程，其实是耗费生命、瓦解身心的过程。得不到道的护佑，身心受损，当然不可以长寿。

贪欲太多，违背了自然之道。因此，善于养护自己的生命，便应做到少私寡欲，过一种清静质朴、纯任自然的生活。这是生命力的展现，可以自己把握。

　　"人之生动之死地，亦十有三。"人生在世上，活动要有规律。这是一个转变，可以向死的一面，也可以向生的一面。可是，人常因一些错误认知而乱动，反而使自己走到了死亡的路上。

五十一章　道生之

道生之①，德畜之②。物形之③，势成之④。是以万物莫不尊道而贵德。道之尊，德之贵，夫莫之命⑤而常自然。

故道生之，德畜之：长之、育之、亭之、毒之⑥、养之、覆之⑦。生而不有，为而不恃，长而不宰，是谓玄德⑧。

▶ 注释

①道生之：道化生万物。②德畜之：德蓄养万物。③物形之：万物得到形状。④势成之：在各种环境下成就万物。指事物之间对立统一的关系。⑤莫之命：莫命之。没有谁命令它。⑥亭之、毒之：使万物得以生长成熟。⑦养之、覆之：给予万物以抚育养护。⑧生而不有，为而不恃，长而不宰，是谓玄德：这四句见于十章，可能是竹简放错位置，应在这里。

▶ 译文

"道"化生万物，"德"养育万物。万物长成，形状繁复各种各样，是自然环境使它这样。因此，万物没有不尊崇"道"而重视"德"的。"道"受尊崇，"德"受重视，是因为它们对万物不强加干涉，而是任其自然生长。

所以，"道"化生万物，"德"养育万物。使万物生长发展，使万物自立成熟，使万物得到滋养与爱护。生养而不据为己有，推动而不自恃有功，引导而不自以为主宰，这就是深远的"德"。

生而不有

"道生之，德畜之。物形之，势成之。"宇宙万物之所以能够生生不息，是因为"道"这一根本。宇宙万物由"道"衍生，由"德"养育。"道"是生命之源，"德蓄之"是用，意思是说生命离不开阳光、空气、水分的养育。有体有用，然后有了生命长成，形成万物。然后生殖繁衍，就构成了"势"，即生命之所以能轮转不休的力量。这其间有一个生长的力量，就是"势成之"。

关于"势"的含义，军事家孙武在《孙子兵法》中形容为："如转圆石于千仞之山者。"如同转动一块圆石在"千仞之山"。古代七尺等于一仞，约等于现在一丈。"千仞之山"等于现在一万尺。"转圆石于千仞之山"是一个"势"，当这块石头在半空中一转，会有多大的力量，可以想象，所以，势一旦形成，便会挟风雷之势，威震四方。

生命的力量在于"势"，所以要把握这个"势"。时势造英雄，英雄造时势。时间也是一种重要的"势"。俗话说"风起于青萍之末"，就像是"蝴蝶效应"，连绵不断，渐次增大。风刚起时，池塘里萍叶浮动，最初只是一点，进而扩大为狂风。风力愈转愈大，就成了飓风。飓风中空为"风眼"，里面无风无雨，这就是由"势"而形成的一股力量。

"道生之，德畜之。物形之，势成之。"这是物质由无到有，进而繁衍万千的过程。可以运用这个道理来养生，来处世。它的作用发挥起来，可以说是影响深远的。

"万物莫不尊道而贵德"，老子指出"道""德"的重要性。这里的"道德"，是对万物生发运行有着清晰的认识，从而遵循自然之道，而有所作为。这个"道德"，并不是后世演绎的"中庸之道"，不是和稀泥做乡愿，含含糊糊，是非不分善恶不明。孔子说，"乡愿，德之贼也"，这种"乡愿"，只是庸人眼里的滥好人，表面看来好像有道德，实则为善不能，为恶不敢，根本谈不上道德。

"道之尊，德之贵，夫莫之命而常自然。"因为高不可测，衍生万物，所以"道"被尊崇。因为蓄养万物，柔和而有韧性，所以"德"被重视。这一切从何而来，由谁做主？其中生命的根源，没有谁能说清楚，也无须解释。它让万物顺其自然生长，不加干涉，常态就是那样。

"夫莫之命而常自然"，马王堆帛书本中"常"写作"恒"。老子认为万物是在"无为"的状态中，各自适应着所处的环境而生长的，不存在什么主宰在安排。因此称为"道生之"，而把自然规律的具体作用于万物称为"德畜之"。因为万物的生长必须依据自然界的规律，并被自然规律所左右，所以"万物莫不尊道而贵德"。而万物的尊"道"贵"德"，仅仅是对自然规律的依据与运用，不是另有主宰加以安排，这种"无为"的状态，就是"莫之命而常自然"。

"道生之，德畜之。"在《道德经》里，老子多次论述了"道"与"德"之间的关系。"道"无所不能无所不在，是虚空也是本体。两者配合，从而使世间万物生长繁荣。

"道"生养万物，靠的是"无为"，即"夫莫之命而常自然"。"道"是生发万物的关键，而"德"的作用则在养育万物上。

"长之、育之、亭之、毒之、养之、覆之。"万物自然生长，各不妨碍，自然受到蓄养保护。"生而不有，为而不恃，长而不宰，是谓玄德"衍生宇宙万物，却不占为己有。功劳如此之大，却不自恃自傲。帮助万物成长，不加干涉，也不做万物主宰。这才是真正的"大德"。

众生与万物，无不由道产生，由德畜养；道德即如众生与万物的父母。不尊道，便失去借以产生的根；根既无存，生存也难以为继。不贵德，便会失去所有。

有修养的人，明白尊道贵德的要义，乐于给予，鲜于求取。不敢轻易背离"道"的轨迹。"道"以大善、大忍为根本，越是了解道，越能做到无私无我，无所求取，慈悲众生。而被物欲遮蔽本性与良知的人，只会一心向外在索取物质或欲望上的满足。

五十二章 天下有始

天下有始①，以为天下母②。既得③其母，以知其子④；既知其子，复守其母，没身不殆⑤。

塞其兑⑥，闭其门，终身不勤⑦。开其兑，济其事⑧，终身不救。

见小曰明⑨，守柔曰强。用其光，复归其明⑩，无遗⑪身殃⑫，是为习常⑬。

▶ **注释** ■

①始：初始。指道。②以为天下母：把它当作天下的本源。母，根源，指道。③得：得到，这里指掌握。④子：万物。万物由道衍生，故为子。⑤没身不殆：到死都没有危险。⑥兑：指孔窍，耳目口鼻皆称孔窍。⑦勤：勤劳，有劳扰的意思。⑧开其兑，济其事：打开欲望的孔窍，帮助他们求知逞欲。⑨见小曰明：能够察见细微之事，叫"明"。⑩用其光，复归其明：光，向外照耀。明，向内返照。⑪遗：招致。⑫殃：祸殃。⑬习常：也作"袭常"，承袭大道，即遵守永恒的自然之道。

▶ **译文** ■

天下万物都有起始，把这个起始作为万物得以生存的根本。掌握了万物的根本，就能认识万物的具体存在。认识了万物的具体存在，仍然要坚守万物的根本，这样，由生到死就不会有危险。

塞住欲望的窍穴，关闭欲望的门户，终身都不会因烦扰而生病。打开欲望的孔窍，而谋求纷杂的事业，终身都不可救药。

察见细微事物的敏锐能力，是内在明澈的表现。保持柔弱灵动因势利导，才是真正的强健。运用智慧的光芒，返照内在，不给自己招致祸殃，这才是因循恒常、万世不绝的自然之道。

宇宙之源

"天下有始，以为天下母。"宇宙万物，都有一个根源，有一个初始，称之为"天下母"。以此找寻生命的本源，了解生命的历程。"母"，指生命的根本、来源，万物皆由母体而生。"道"生万物，故为天下之母。

"既得其母，以知其子"，既然掌握了万物的根源，就能认识万物。"既知其子，复守其母"，认识了万物，还要坚守万物的根本，才可以"没身不殆"。"复守其母"就是"专气致柔"，"骨弱筋柔而握固"的道理。像婴儿那样身体柔软，浑然一体。从而达到与万物同存，长生不老的状态。老子以认识论为基础，讲述为人处世的道理。"得母""知子"的观点是其哲学思想的精华之一，只有认识到这一点，才能坚守正"道"，从而"没身不殆"。

"塞其兑，闭其门，终身不勤。"这里是说要减少身体消耗，从容不迫，勤加修炼。"兑"是卦名，代表水。打坐修道，要堵塞窍穴，闭合门户，以保守元气。这也是处事的原则。不要聪明，懂得收敛，学会内省，才不会惹来祸患。塞住嗜欲的孔窍，关闭嗜欲的门户。平时多加内省反观自我，凭着本明的智慧明察万物。人们常常受到外界的诱引，逐渐生出私欲妄见。因此应"塞其兑，闭其门"，使之归于真朴。

"开其兑，济其事，终身不救。"活着的时候，不断消耗元气，整天为事物忙碌。这样就"终身不救"，消耗完了为止。

"道"广博无边，远非人世的知识所能涵盖。人的智慧再大，也只是小聪明，只是局限于一隅的识见。道之恢宏，"其大无外，其小无内"。人的主观感受，只能在某一角落发挥作用。因此，人类一思考，上帝就发笑。所以，人不可过于主观，要尽力遵循自然之道，以求返璞归真。

"见小曰明，守柔曰强。"要恢复本来面目，保有生命，就不要过于消耗精神。"见小曰明"，减少耗用，保养身体，才是明于大道。要用得节省，才能保持身体的长远存在。不激动，不发怒，达到柔和的境界。柔到极点就是坚强，生命就永远持续下去了。

"用其光，复归其明，无遗身殃，是为习常。"看东西要借用自然之光，收回来物的形象，从而恢复光明。这是个体生命在复杂的现实环境中维持稳定的关键。只有不断体察世界，才能及时调节自己，才能免遭祸殃。其实就是明哲保身的智慧。做到了"用其光，复归其明"，不会给身体留下祸殃，可以修习自然之常道，长生不老。"是为习常"，称之为"玄德"。

本章论述修身之道，重点是摒弃外界的是非纷扰乃至名利欲望，做到永远持守大道，不张扬不炫耀，才是保持永久之道。

五十三章　介然有知

使①我介然有知②，行于大道③，唯施是畏④。

大道甚夷⑤，而民好径⑥。朝甚除⑦，田甚芜⑧，仓甚虚⑨。服文彩⑩，带利剑，厌⑪饮食，财货有馀。是谓盗夸⑫。非道⑬也哉！

▶ 注释 ◀

①使：假使。②介然有知：稍有知识。③行于大道：走在大路上。④唯施是畏：只是害怕走入歧途。⑤夷：平坦。⑥好径：喜欢小路。⑦朝甚除：朝政败坏。除，废弛、颓败。⑧田甚芜：农田荒芜。⑨仓甚虚：仓库空虚。⑩服文彩：服，穿。文彩，华丽的衣裳。⑪厌：饱食终日。⑫盗夸：盗魁，强盗头子。⑬非道：无道。

▶ 译文 ◀

假使我稍微有点常识，就要在大道上行走，并多加小心以免误入歧途。

大道是很平坦的，但那些统治者偏偏喜好小路。一方面朝政败坏，农田荒芜，仓库空虚。一方面却是鲜衣美饰，利剑随身，饱食不厌，钱财有余。这实在是强盗式的统治，真是无道啊！

唯施是畏

"使我介然有知，行于大道，唯施是畏。"假使我稍有知识，就会走在大路上，还要谨慎小心以免误入歧途。"唯施是畏"，即"唯是畏施"，宾语前置句式。只是害怕走上狭窄的小路，小心谨慎以免耽误行程。

"大道甚夷，而民好径。"大道非常平坦，也很宽阔，但人们总喜欢贪近走小路。爱抄小路取巧自利，这似乎是人类的通病。这句话是说人有私心杂念，爱耍小聪明，不正道直行，喜欢抄小路走捷径，贪图物质放纵欲望。

"朝甚除，田甚芜，仓甚虚"，这里的"朝"是指朝廷。朝政败坏，人民生活难以温饱。田地荒芜没人耕种，财政贫乏国库空虚。与此相反，统治者却"服文彩，带利剑，厌饮食，财货有馀"。穿得漂亮，佩带利剑，吃好喝好。"是谓盗夸"，榨取民众的利益来满足自己的贪得无厌，这实在是土匪式的统治方式，违背了自然道德。"非道也哉"，这是不符合"自然之道"的。

老子认为，事物的产生和发展皆是有"道"可循的，统治者应该效法自然，秉承"天道"来调整政策，以保持国家稳定繁荣，社会和谐一致。春秋之时，社会动乱，统治者沉迷于物欲的追逐享受，逐渐背离了"大道"。老子认为"大道"其实很平坦，治理国家也非难事，只要坚守几条大的原则，符合"自然之道"就可以了。对统治者来说，应该控制欲望，防止私心膨胀，不能为了满足自己的淫靡奢侈而不体恤人民。

万物都是平等的，谁也没有理由凌驾于人民之上，作威作福。但是，大多数统治者都没有走上"正道"，常为一己私利违背"自然之道"，把人民看得一文不值。人民的生活艰辛与统治者的奢侈淫逸形成鲜明对比。所以，这是一种强盗式的统治方式，对人民的压迫和榨取，导致了"官富民贫"的社会现实。

在《道德经》中，朴素的唯物辩证思想贯穿始终。比如，二十三章"飘风不终朝，骤雨不终日。"狂风暴雨不会永远持续，总会慢慢停息。这是"势"的运用，世事如此，有正有反，符合朴素的辩证法思想。老子所追求的"和"，可以看成是理想状态下的和谐社会。老子不像儒家那样把社会分成两个对立的阵营，而是力图化解所谓"对立面"之间的矛盾。这种思想对于世风日下、人心不古的现实状况来说，确是一剂治世良方。

善建者不拔①，善抱者不脱②，子孙以祭祀不辍③。

修④之于身，其德乃真；修之于家，其德乃馀；修之于乡，其德乃长⑤；修之于国，其德乃丰⑥；修之于天下，其德乃普⑦。

故以身观身，以家观家，以乡观乡，以国观国，以天下观天下。吾何以知天下然哉？以此。

▶ 注释

①善建者不拔：善于建立的，不会轻易被拔除。建，建树，建立。拔，拔掉，拔除。②善抱者不脱：善于抱持的就不会脱落。抱，抱持。脱，脱落。③不辍：不中断，不停止。④修：修德。⑤长：加长，指德之宽广。⑥丰：广大。⑦普：普遍。

▶ 译文

善于建树的人，他的功业不会轻易动摇；善于抱持的人，他所坚守的东西不会容易脱落。那么，他的子孙会因此而祭祀不绝，事业也会不断得到继承。修德于一身，其德才纯真；修德于一家，其德会有余；修德于乡里，其德才绵延；修德于一国，其德才丰厚；修德于天下，其德会普及。修德要推己及人、见微知著。

因此，要从自身之德观照他人之德，以自家之德观照他家之德，以一乡之德观照他乡之德，以一国之德观照他国之德，从今天之德观照将来之德。我怎么会了解天下的真实状况呢？就是因为运用了上面的方法和道理，通过比较而得来。

以身观身

"善建者不拔，善抱者不脱"，善于建立功业的人，不会轻易被动摇。善于抱持东西的，不会轻易脱落。这句话的意思是说，在学问道德方面有所建树的，其地位不会轻易被动摇，因为真理往往能够经得起时间的考验，长久不衰。

无论求学或是创业，都要凭借高度的智慧，争取有所建树，才可以留之后世，即"子孙以祭祀不辍"，生生世世绵延不绝。就像老子、孔子等人，放弃了世间的虚名，无论时间如何流逝，他们的学问道德永存，或道德的规范，或思想的标准，对人们的教化作用永存。这就是"善建者不拔，善抱者不脱"，谁也没有办法摆脱他们的影响。

所谓"善建"，就是说善于建树。"善抱"，就是善于抱持。自然万物，光阴流逝，没有不被破坏的。怎样才能做到"善建"和"善抱"呢？答案只有一个，就是遵循"无为之道"。"道"在那里不动，永远是不拔的。简言之，就要把握生命的核心，体察自然之道，运用到自身，就是"修之于身，其德乃真"，才能真切感受到德的妙用。

老子将"修德"作为建立自我、完善自我的立足点。这一点做好了，把这个道理推广到为人处事，乃至修身齐家，就是"修之于家，其德乃馀"。以"无为"之法来养家，自然会有所结余。道德的积余，才是真正的"有余"。

进一步推广，就是"修之于乡，其德乃长；修之于国，其德乃丰；修之于天下，其德乃普。"这几句的"长""丰""普"，就是治国平天下。由个人的道德修养，到家庭乡里以及社会，进而影响到国家，使之欣欣向荣，整个社会就能进入普遍和谐的状态。

"以身观身"，这是老子从另一个角度，说到人的智慧以及观察一件事，该从什么地方入手。把书读活了，就是善于读书。老子的总结，也是概括了前人的经验。生命的道理是"以身观身"，也就是从自身来观察自身，接触生活实际，以寻求生命的本源。这个"观"字，是省察自我的意思。

能够"以身观身"，就可以发现自然之道，乃至生命走向衰亡的过程。由观察自身发现生命修养的原则，然后再推及家人、邻里，乃至天下。

观察自家的兴衰，洞察先机。再观察其他家庭的道德行为，就会发现其必然的规律。同样的道理，"以家观家，以乡现乡，以国观国，以天下观天下"。有"道"的人，对天下国家的未来，究竟怎样转变，不需要去问鬼神，只要用智慧去观察，就可以看得很清楚了。

以生命研究生命，才能懂得生命。以家庭观察家庭，才能懂得家庭。以天下观察天下，才能懂得天下。其实这是一个整体方法论的问题。观察事物要站在与之相对应的立场上，通过适合的方法来实现目标。即以"身"的角度来观察"身"，以"家"的角度来观察"家"，以"天下"的角度来观察"天下"，这样才不会被主观所影响。

观察世界的方法，即老子"何以知天下"的方法，是采取了一种由内到外的整体认知策略。老子何以明白天下一切"之所以然"呢？没有其他的巧妙，只有用这个方法，就是"以身观身"的方法。这也说明，"道"不是向外求的，而是在于自身。这才是"吾何以知天下然哉"的原因。

五十五章　含德之厚

含德之厚，比于赤子①。蜂虿虺蛇②不螫，猛兽不据③，攫鸟④不搏。骨弱筋柔而握固⑤，未知牝牡之合⑥而全作⑦，精之至也。终日号而不嗄⑧，和⑨之至也。

知和曰常⑩，知常曰明。益生⑪曰祥⑫，心使气⑬曰强⑭。物壮则老，谓之不道，不道早已。

▶ 注释 ◀

①含德之厚，比于赤子：厚德之人，好比初生的婴儿。赤子，初生的婴儿。②蜂虿虺蛇：指蜂、蝎、毒蛇之类。③据：兽类扑击猎物。④攫鸟：鹰隼一类的鸟。⑤握固：握持牢固。⑥牝牡之合：男女交合。⑦全作：勃起。⑧嗄：哑。⑨和：指阴阳调和。⑩常：人类天性的自然规律。⑪益生：纵欲贪生。⑫祥：指妖祥，不祥。⑬心使气：内心支配欲望。⑭强：逞强。

▶ 译文 ◀

道德修养深厚的人，就像初生的婴儿。毒虫不螫，猛兽不伤，恶鸟不搏。筋骨柔弱，拳头却握持牢固，不知男女之事却能勃起，这是精气充足的缘故。整天号哭，却不嘶哑，这是和气敦厚的缘故。

懂得了取态柔和，就可以生存恒常；懂得了恒常就叫明智。放纵欲望就会不祥，使用精气就是逞强。过于强壮会趋于衰老，这不合于"道"，不合于"道"，就会过早死亡。

骨弱筋柔

本章讲述修身之道，强调了厚德之人必备的品德修养。只有重视德行的积累，才是修行有道，能够保有赤子之心元气充沛，筋骨柔弱内力刚强。唯有如此，才能有效抵制内在的欲望和冲动，抵制外部的诱惑和干扰，伤害和影响，归于大道。

"含德之厚，比于赤子。蜂虿虺蛇不螫，猛兽不据，攫鸟不搏。"道德修养到了一定境界，就像婴儿一样，能够"专气致柔"，先天之气充盈，柔到极点，浑然一体。没有是非善恶，不分好坏。这句话，老子用"赤子"来比喻人性的回归自然，达到纯真浑朴的状态。世俗之人往往沾染了太多的污浊，已不具备"厚德"的条件，只有刚刚出生的婴儿，才能保持至纯至真的精神，从而积累出"厚德"。

老子认为，毒蛇猛兽不会侵害初生的婴儿。因为自然的生命，与人无争，具有慈爱心，没有利害心。所以，蜂蝎不会来

螫，虫蛇不会来咬，鸟兽不会来抓，即"蜂虿虺蛇不螫，猛兽不据，攫鸟不搏。"

"未知牝牡之合而全作，精之至也。"婴儿没有男女之欲，也没有性别观念，却因精气充沛，能够自然勃起。这是"精之至也"。修道就是要炼精化气，使身心达到婴儿的境界。

真正做到了精气充沛，便能与万物浑然一体。到了这个境界，

便可以祛病延年，长生不死。五十四章老子提出"以身观身"的修身之道，也是道家长生不老、祛病延年的方法。

"终日号而不嗄，和之至也。"婴儿之啼哭，不是发自喉咙，又因和气纯厚，虽然整天号哭，却不会把嗓子哭哑。"哭"有三种：有泪无声谓之泣，有声无泪谓之号，有泪有声谓之哭。婴儿之哭是有声无泪，所以叫"号"。"嗄"字是说声音沙哑。婴儿"号而不嗄"，是说明婴儿精力充沛，气机平和，不激动，不妄想。所以叫"和之至也"。

"知和曰常，知常曰明。"前面拿婴儿来解释精气充沛。做到了阴阳调和，就能保持健康，便会永恒如常。阴阳不和就会生病，阴盛则生寒疾，阳盛则生热疾。"知常曰明"，懂得保养自己，知道了"常"的道理，就是明于道。通过保养精气神，进而祛病延年。

"物壮则老，谓之不道，不道早已。"万物由弱变强，到了顶点就会转向衰老，就会走下坡路，这是不守自然之道的结果。"不道早已"，不守自然之道，便会早早死去。

可见，一味追求霸道和强硬，是背离"正道"的，最终只有死路一条。只有保持事物之间均衡、和谐的态势，才能保持稳定，进而实现发展。这也是对我们所倡导"和谐社会"的启示。

五十六章　知者不言

知者①不言，言者②不知。塞其兑，闭其门③。挫其锐，解其分。和其光，同其尘④。是谓玄同⑤。

故不可得而亲，不可得而疏；不可得而利，不可得而害；不可得而贵，不可得而贱，故为天下贵。

▼ 注释 ▬

①知者：有智慧的人。②言者：多说话的人。③塞其兑，闭其门：这两句见于五十二章，在这里是重复出现，可能是竹简放错了位置。④挫其锐，解其分。和其光，同其尘：这四句已在四章出现，本应在此处。⑤玄同：玄妙混同的境界，指道的境界。

▼ 译文 ▬

有智慧的人不夸夸其谈，夸夸其谈的人没有智慧。塞住知欲的孔窍，关闭知欲的门户。挫折人们的锐气，解决纷扰的纠纷，收敛耀眼的光芒，混同于尘世之间，这就达到了浑融一体的玄妙境地。

所以，有道的人不分亲疏，不分利害，不分贵贱。这样的人能成为天下所推重的君主。

修养之道

"知者不言，言者不知。"有智慧的人大多是沉默寡言的，多说话的人大半没智慧。白居易对此曾进行反驳，并写诗一首：

"言者不如知者默，此语我闻于老君。若道老君是知者，如何自著五千文。"既然老子这么说，那他是有智慧，还是没有智慧呢？他为何又写了五千字的书呢？其实老子的意思是说话要过脑子，不要夸夸其谈，废话连篇。孔子也说"敏于事而慎于言"，这同样是君子寡言的说法。

"塞其兑，闭其门。"兑是卦名，代表嘴巴，上有缺口。这是告诉人们要少言寡语。当然不是完全不说话，而是不说废话，总要言之有物才好。对于修道来说，就要尽量少说，甚至不说。不但如此，还要把五官六窍，比如，眼睛、耳朵，凡是张开的都闭合起来。

"祸从口出，病从口入。"乱吃东西会生病，乱讲话会惹麻烦。中国的传统文化，大多叫人们少说说话，把棱角磨平，把分别心化解，最后做到和光同尘。这是做人的最高艺术，就是不高不低，不好不坏，平安一生，最为幸福。这段话不仅是统治人民的原则，也是老子对理想人格的表述。

"挫其锐，解其分。和其光，同其尘。"把尖锐的棱角磨平，把内心的妄念去掉。把外露的闪光收起，不显露特别之处。一个人锋芒外露，就容易摧折。看问题过于主观，坚持自己的意见，就会片面不客观，容易引起是非纷扰。阳光照射，必有照不到的阴暗面，只有懂得"负阴抱阳"对立统一规律，才能"用其光，复归其明"。世间的纷繁复杂也是如此，超脱现实不可能，只能化除成见，无论好坏都因势利导，这便是"同其尘"。

"是谓玄同"，就是要和光同尘，如阳光一样普照大地。二十六章说："虽有荣观，燕处超然"，不只是修道的经验，也是为人处世治国的道理。老子眼里的理想人格形态，是"挫锐""解分""和光""同尘"，最后达到玄妙的境界，也就是"道"的境界。"玄同"就是要消除自我的蒙蔽，化除一切的隔膜，超越人伦关系的束缚，以豁达的态度对待一切的人和事。

五十七章　以正治国

以正治国①，以奇用兵②，以无事取天下③。

吾何以知其然哉？以此④。天下多忌讳⑤，而民弥贫⑥；民多利器⑦，国家滋昏⑧；人多伎巧⑨，奇物滋起；法令滋彰⑩，盗贼多有。

故圣人云：我无为而民自化⑪，我好静而民自正，我无事⑫而民自富，我无欲⑬而民自朴。

▶ 注释

①以正治国：以无为之道治理国家。②以奇用兵：以计策谋略带兵打仗。③以无事取天下：以清静无为来治理天下。无事，无为。取天下，治理天下。④以此：根据这些。⑤忌讳：禁令。⑥弥贫：越发贫困。⑦利器：武器。⑧滋昏：更加昏昧。⑨伎巧：技巧智慧。⑩彰：明白。⑪自化：自然感化。⑫无事：指不扰民。⑬无欲：没有贪欲。

▶ 译文

治理国家要靠清静无为，用兵打仗要靠计策谋略，夺取天下要靠清静无为。

根据什么知道这些呢？根据在于：天下的禁忌越多，人民就越贫穷；计策权谋越多，社会就越动乱；人民技巧越多，反常的事物就越多；政令繁多而杂，盗贼就越多。

所以，圣人说：我无为，人民自然感化；我清静，人民自然端正；我不扰民，人民自然富裕；我不贪婪，人民自然朴实。

清静无为

"以正治国，以奇用兵，以无事取天下。"这是为政领兵平定天下的原则。真正的善政，就是"以正治国"，"正"就是走正道，治理国家，不用权术谋略去侵犯、占有或掠夺别人，而是以正道而得助，有修养，有能力，自然会成功。要聪明，玩手段，到处钻营，结果会一无所成，必然遭到失败。

至于用兵，则需要"出奇制胜"。奇，是单，是偏，多用于兵法谋略。《孙子兵法》："兵者，诡道也。"诡道，就是"以奇用兵"，能用奇兵，才能出奇制胜。能用奇兵，才是上将之才，大将之才。

关于这个"奇"字，发挥起来，千变万化。换言之，要有高度的智慧，才能出奇以制胜。不但用兵如此，即使经商、创业，也要"出奇制胜"。上面一段话用到个人身上，就是要"以正做人，以奇做事，以无事创业"。

对于战争，老子是持反对态度的，"以道佐人主者，不以兵强天下"，这是原则性的问题。"大军之后，必有凶年"，"师之所处，荆棘生焉"，战争给人民带来种种痛苦，使之陷入悲惨的境地。

当然，老子也不是绝对反战，当兵临城下，正义受到挑战，那就必须要战。中国的军事哲学，延续了老子的这一思想。这也是中国文化的特色，就是绝不侵略他人，但也绝不容忍别人的侵略。"人不犯我，我不犯人。人若犯我，我必犯人。"所以，老子并不是反战，相反，他还认为军备一定要充足，因为有了足够的军事武力，才可以维持国家之间的道德与和平。

真正要发生战争，非打不可了，那就要有充分的准备。譬如一个人，可以不杀人，但必须有一把刀。人需要自卫，不去伤害人，也不能让别人伤害自己。这就是"不高亦不卑，不贱亦不贵"的人格独立精神。

"以无事取天下"是老子思想的精华所在。有道德学问，又无心于取天下的人，反而会受到推崇。真正的仁德，靠的不是"以奇用兵"，不是"以兵强天下"，而是"以无事取天下"，是天下归心。这是中国几千年来的治国理念。这不仅是政治策略的成功，也是教化百姓的成功，而最高的原则就是道德，就是对人民无所求。

"吾何以知其然哉？"我为什么说政治、军事以及治国处世的原则，就是这三句话呢？原因下面会有所阐述。

"天下多忌讳，而民弥贫"，这是老子的经验总结，也是历史的事实。"忌讳"，指某种事不能说，说了就犯"忌讳"。比如对帝王的名字，不可直接称呼，否则就是犯"忌讳"。大而言之，"天下多忌讳"就是在政治上有太多禁忌，这也不能干，那也不能做，动辄得咎。这样多的禁忌，等于在普天之下设了许多陷阱，陷民于罪，人民不敢说心里话，不敢批评，怎能不抱怨呢？所以，当一个国家或社会政令繁多，以致人民什么都不敢做不能做，就会直接导致物质和精神上的贫困，以致心灵荒芜却谎言连篇，令人痛苦而备受折磨。

"民多利器，国家滋昏"，利器，不仅指杀人的武器，还泛指机巧的器具。人民多有利器，就会依仗来造反，社会非乱不可。"人多伎巧，奇物滋起"，人们多有机巧的思想，技术越发展，就会出现越多的事物，这是不利于社会稳定大局的。"法令滋彰，盗贼多有。"法令越多，盗贼越多。刘邦入关，只与关中父老"约法三章"，即"杀人者死，伤人及盗抵罪"。仅此而已，却很快稳定了初入咸阳时的混乱。法令越多，越彰显，说明社会越是动乱。

前面这几句话，是对"以正治国，以奇用兵，以无事取天下"的注解与阐述。多忌讳、多利器、多技巧、多法令，这一切都是"有为"，社会越乱，问题就越多。应该持"无为"的态度，天下就会清静而有道，社会自然安定。

"故圣人云：我无为而民自化，我好静而民自正，我无事而民自富，我无欲而民自朴。"好的统治者能够无为而治，具有道德上的感化作用，不必去刻意管理，人民自然被感化。好的统治者能够清静无为，人民自然受到感化走上正道。好的统治者没有私欲，不要花样搅扰干涉人民，社会自然富裕，天下太平，人民也会淳朴厚道。这对于现在的领导者也同样适用。

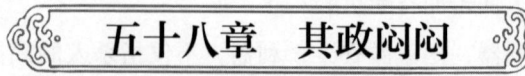

五十八章　其政闷闷

> 其政闷闷①，其民淳淳②；其政察察③，其民缺缺④。
>
> 祸兮福之所倚⑤，福兮祸之所伏⑥。孰知其极⑦? 其无正?
> 正复为奇，善复为妖⑧，人之迷，其日固久。
>
> 是以圣人方而不割⑨，廉而不刿⑩，直而不肆⑪，光而不耀⑫。

▶ 注释 ◀

①闷闷：质朴平和。②淳淳：淳厚知足。③察察：精明严苛。④缺缺：狡诈伪饰。⑤倚：依傍。⑥伏：隐伏。⑦极：终极。⑧正复为奇，善复为妖：正转变为邪，善转变为恶。⑨方而不割：方正但不伤害人。⑩廉而不刿：锐利但不刺伤。⑪直而不肆：直率而不放肆。⑫光而不耀：光亮但不炫耀。耀，有刺眼夺目的意思。引申为炫耀。

▶ 译文 ◀

统治国家平和宽容，人民就淳厚质朴。为政严苛，人民就狡黠诡诈。

灾祸，幸福依傍在其中。幸福，灾祸隐藏在其内。谁知道它们互相转化的法则? 那是没有一个定准的。正会转变为邪，善会转变为恶，人们对此的迷惑，已经有很长时间了。

所以，有"道"的圣人方正但不伤人，锐利但不刺伤，直率却不放肆，明亮但不炫耀。

无为之治

本章讲"无为之治"，兼及矛盾双方对立转化的道理，这是道家文化中的重要执政理念。

"其政闷闷，其民淳淳"。老子认为，相对宽松的政治环境，可使社会风气淳厚朴实，人民才可以安然自在，过着幸福宁静的生活。相反，政治严苛，则会导致民风狡诈，社会混乱。

闷闷，平和的意思，就是不要聪明，不玩花招。实行"无为而治"，不刑罚，不扰民，才能政治清明，社会稳定，形成有益的领导，使人民淳朴、安分、厚道。

民风淳朴是盛世太平的最好说明，正如诗人所吟"长日唯消一局棋"的境界。因为日子过得悠闲，便会无烦无恼，优哉游哉。"不为无聊之事，何以度此有涯之生。"各种娱乐休闲的活动也就多了，人民会想法消磨时间，自然也就会拉动内需了。

"其政察察，其民缺缺。"治理国家如果太过于严苛，以致扰民不断，那么人民就会愚顽无知，遇到事情想不通，容易偏执一端，发生争讼之事。这和"其政闷闷，其民淳淳"形成鲜明对比。

"人至察则无徒，水至清则无鱼。"为人处事聪明过了头，会给人太精明的感觉，从而让人觉得没有安全感，自然很少有同伴了。

167

五十九章　治人事天

治人事天①莫若啬②。夫唯啬，是谓早服③。早服谓之重积德④，重积德则无不克⑤。无不克则莫知其极⑥，莫知其极，可以有国⑦。有国之母⑧，可以长久。

是谓深根固柢⑨，长生久视⑩之道。

▶ 注释 ◼

①治人事天：治理百姓祭祀天地。一说保养身心。②啬：节省，爱惜。③早服：早做准备。一说，及早顺从自然之理。④重积德：厚以积德。重，多、厚。⑤克：战胜。⑥莫知其极：没谁知道它的极点。极，极点，尽头。⑦有国：保有国家，即担负治理国家的责任。⑧有国之母：用"道"治理国家。⑨柢：树根向四边伸叫根，向下扎叫柢。⑩长生久视：长久存在。

▶ 译文 ◼

治理国家，保养身心，没有比"啬"更好的了。做到了"啬"，就是及早顺从自然之理。顺从自然之理，进而不断积蓄"德"，使之深厚；"德"深厚了，就会无往而不胜。无往而不胜，就没有谁知道力量到底有多大；没有谁能知道力量有多大，就可以担负保有国家的重任。保有国家的根本，就是用这个大道，可以长久存在。

这就是根深蒂固，得以长久存在的道理。

长生久视

"治人事天莫若啬。"为人处事以及祭祀天地，都要节俭不浪费，以爱惜精神积蓄力量。"啬"是老子哲学中的一个重要概念，与六十七章中的"俭"意义相近。"啬"的本意是指对自己俭省，对人厚重。不止在物质上不浪费，精神上也要节俭。

"啬"的要义，其实就是"简"。尽量剔除烦琐之物，集中精力去做一件事。进一步说，就是无论做什么事，能简单就绝不复杂。这样可以节省精力，再去做别的事就会有充分的时间。坚持这样做，就是遵循了"自然之道"，遵循了"自然之道"，能力就会加强。

"夫唯啬，是谓早服。"只有真正做到了"啬"，才算是及早做好了准备。表现在修道上，就是不浪费生命的活力，及早保持生命的精气神，如道家所说："一粒金丹吞入腹，始知我命不由天。"服，有顺从的意思，也有服用的意思。现在，吃药也叫"服药"，道家的修持方法之一叫作"服气"。

"早服谓之重积德。"老子提到"玄德"，是指深远的道德。这里的"重积德"，是指"道"的运用，在生活中及早做好准备，以多积聚德行。"德者，得也。"深藏厚蓄，以积德作为生命的根本。国有大德，必能大得。

169

"重积德则无不克。"德行积聚的多了，做起事来则会无往而不利，必定具有无穷无尽的力量。担当国家大任，没有超人的体魄，充沛的精力是不行的。"无不克则莫知其极。"因为做起事来无往而不利，所以众人看来，找不到究竟为何的原因。

"莫知其极，可以有国。"一般人看不出"莫知其极"的道理在哪里，认为就可以保有国，包括土地、资产和人民，也就可以极好地治理国家。

"有国之母，可以长久。"这个"国之母"，就是万物生生不息的根源。符合自然之道加以运用，牢牢把握治理国家的根本，就可以维持国家的长治久安。

这一章的主旨是"啬"，是善行积德。修身养性，为人处世，也要领悟"啬"的原则。"啬"就是"简"，不用机智权谋，因为那是小聪明，不是大智慧，用到最后只会害人害己。

做到了"啬"，就可以善行积德。所谓积德，不是搞形象工程，强行改造自然，不是炫耀于民，而是清静无为，不打击，不占据，不挥霍，不与民争利。炫耀名利、权势，追逐感官与欲望的满足，只会道德败坏，举国遭殃。

"是谓深根固柢，长生久视之道。"这里的"柢"，是根的意思。深根固柢，是说扎根要深远，要牢固。就修道而言，"深根固柢"是"长生久视"的基本要求，"长生久视"，是道家标榜的"长生不死"，"与天地同体，日月同寿"。十章"专气致柔"，十六章"归根曰静，是谓复命"，是说修道要凝心静气，不可妄动杂念，才能取得最好的效果。

世界上的大多数宗教，在探寻生命之源的时候，都不说今生可以不死，而是说人可以脱离尘世，等待来生或到天堂去。只有道家提出现世可以不死，永生不老，即"长生久视"的观念。

　　"深根固柢"表现在为人处事上，就是做事不草率，不任性，不冲动，不妨慢一点，必须要慎重。对一件事，知道前因，就要考虑后果。做到了"深根固柢"，才能做到"长生久视"。治国，必须抓住道德的根本；本固而目张，根深而叶茂，才能国泰民安。

六十章　治大国若烹小鲜

治大国若烹小鲜①。以道莅天下②，其鬼不神③。非其鬼不神，其神不伤人④；非其神不伤人，圣人亦不伤人。夫两不相伤⑤，故德交归焉⑥。

▼ 注释 ■

①烹小鲜：煎煮小鱼。烹，煎煮。鲜，鱼。②以道莅天下：用道来治理天下。莅，面临。③其鬼不神：鬼也不起作用了。④非其鬼不神，其神不伤人：不是鬼不灵，是鬼的作用不伤人。⑤两不相伤：指鬼神和圣人都不伤人。⑥故德交归焉：自然的德行都回到人民身上。交，俱，都。

▼ 译文 ■

治理大国，如同烹制小鱼。用"道"来治理天下，那么鬼也就不灵了。不是鬼不灵了，而是它的作用伤害不到人民；不是它的作用伤害不到人民，而是圣人根本不想伤人。鬼神和圣人都不伤害人民，所以"德"就回到了人民身上，天下的人也就和谐相处。

两不相伤

本章论述治国之道，重点阐述了清静无为，两不相伤的道理。老子认为，治国之道在于顺应自然，清静无为，而不是政令繁苛，压榨盘剥，扰民害民。以道治国，鬼神和圣人都不伤害人民，人民自然可以安享太平。

"治大国若烹小鲜"，是说治理大国就像烹制小鱼那样，不可反复翻动，不然就会"鱼无完鱼"。这是老子"无为"思想的又一阐述。就是要统治者不要政令繁出，变着花样去干扰人民，而应清静无为。这是在中国政治思想上有着深远影响的一句话。统治者如果能无为而治，则人人可以在自然状态中相安无事；相反，扰民则会害民，天下不会安宁，世风混浊，灾祸便起。

烹，烹调，烧制。这里的"烹"，是用小火，文火，慢慢熬炖。大火叫"炒"，是武火。调理"小鲜"就要用小火，道理就像"治人事天莫若啬"，一点点慢慢烹制，不能老是翻动它。处理事情要谨慎小心，要慢一点儿，不能匆忙大意。

"治大国若烹小鲜"，其实是譬喻，究其实质，最终还是要在治理国家的实践上加以运用。治理国家，面临具体事件要怎么处理才能若"烹小鲜"呢？具体来说，首先要"以道莅天下，其鬼不神"，如果以"道"来治理天下，那么鬼也就不起作用了。老子将灾祸的根源归咎于人，尤其是统治者的态度和所推行的政治制度，认为只有"无为"的政治，才是免除灾难的根本途径。

这里的"道"如何解释呢？就是以无为之道治理国家。即前面所说的"重积德"，"治人事天莫若啬"。世上到底有没有鬼神？答案当然是否定的。佛道两家都认为"魔由心造，妖自人兴"。真正的"魔"，在于内心，在于思想，是心理作用。所谓的"妖"，也大多是阴谋家玩的把戏，通过人的恐惧心理起作用。

所以，一旦"以道莅天下"，注重道德与诚信。那些鬼神之类的，就一点儿也不灵验了。"鬼"不灵了，就没有人来捣乱，因为清静无为，大公无私。因为道德和诚信，是至高无上的。这和儒家所提倡的"至诚"之道，关系密切。

接着，老子继续对这一命题进行推理演绎。"非其鬼不神，其神不伤人"，不是鬼不灵了，是鬼所依靠的"神"没有了伤害人的能力，因为伤害人的能力没有了，那么能作怪的力量就没有了。

"非其神不伤人，圣人亦不伤人"，这里指有"道"的统治者采取清静无为的政治，对人民不施政令，不加干涉，不用酷刑，使人民自然安宁，不受伤害。归根到底，还是讲"人"。达到清静无为的地步，天下太平，彼此互谅，互不伤害，和谐共存。这就是"无为之道"，也就是庄子所说"天地与我并生，而万物与我为一"。佛家称之为"空"，即"天地同根，万物一体"，其实也是"道"的道理。

六十一章　泱泱大国

> 　　大国者下流①。天下之交，天下之牝②。牝常以静胜牡，以静为下。
>
> 　　故大国以下小国③，则取④小国；小国以下大国，则取大国。故或下以取，或下而取。大国不过欲兼畜人⑤，小国不过欲入事人⑥。夫两者各得其所欲⑦，大者宜为下⑧。

▶ 注释 ◀

　　①下流：居于河水的下游。②天下之交，天下之牝：处于天下之母的地位，是天下交汇的地方。交，汇合。牝，母。③大国以下小国：大国用谦卑的态度对待小国。④取：取得信任，归顺的意思。⑤兼畜人：把人聚拢加以保护。兼，聚拢；畜，饲养，含占有之意。⑥入事人：侍奉别人，指小国侍奉大国。⑦各得其所欲：各自满足了自己的欲望。⑧大者宜为下：大国还是应当注意谦下。

▶ 译文 ◀

　　大国要像居于江河的下游一样，处于天下之母的位置，这是天下交汇的地方。雌柔往往能够战胜刚强，就是因为柔静而处于下游。

　　所以大国要用谦下的态度对待小国，就可以取得小国的归附。小国用谦下的态度对待大国，也能取得大国的信任。所以，有的以处下的态度占据主动，有的以善于处下的态度占据主动。大国不过是要聚拢蓄养小国之民，小国不过是要使大国占据主动地位。若要两者和谐相处达成目的，大国还是应当以谦下为宜。

低处可以成海

本章讲政治哲学的实际运用。老子身处的年代，各诸侯国以大欺小、倚强凌弱的兼并战争经常发生，给百姓带来极大的苦难。怎样才能天下太平呢？老子从理想化的状态进行了设想，希望大国主动谦虚示下，包容小国，善待小国。这样就可以统辖小国，小国则避免战争，各得其所，双方和平相处，百姓安享太平生活。这样的设想不能说不好，但是把现实看得过于理想化。这是老子的局限之处。

"大国者下流。天下之交，天下之牝。"大国就要像百川归海一样，处处忍让，以示谦虚之德。大海能够容纳百川，是因为它在低处，是天下河流的交汇之地，具有柔和宁静的力量。

天下河流，因为保持谦卑柔弱的姿态，都往低处流，因此能够汇成大海，容纳一切，这是谦虚之德。山不觉得自己高，也不自我崇拜。所以，它有着独立不移，顶天立地的精神。以山、海

来比喻，是说为人处事的态度与方法。不傲慢，要谦虚，这也是为人处事的修养标准。当然，从辩证法的角度来看，谦虚也要在一定限度之内，若是过分谦虚，就会让人觉得做作、虚伪。而且，谦虚也要保持独立的人格。

"常以静胜牡，以静为下。"海能容纳百川，无论清浊好坏，具有

慈祥安静的一面，具有母性的特征。因为它安静柔弱谦下，故能战胜刚强，克服一切困难和动乱。这就是母性的伟大。

泱泱大国，就要像海一样胸怀宽广，能够接受一切，容纳一切。如果行事谦卑，甘居下位，处于天下柔慈的位置上，就能得到天下的归附。

老子的"清静无为"既是一种治国理念，也是一种处世方式，是一种道德观。道家强调顺其自然，反对矫揉造作，主张"无为"，所以认为谦下柔弱是符合自然之道的一种品格。

万物争上，水却甘于处下。水的"处下"和"不争"，正是值得学习的精神。在社会生活中，老子主张"处下"，也是使自己处在卑弱的位置。"处下"是与人交往的最佳选择。能够居高位而不盛气凌人，掌大权仍能礼贤下士的人，往往能够得到更多人的拥护。当然，老子的"处下"并不是"示弱"，因为他主张"知其雄，守其雌"，在此基础上实现"清静无为"。

六十二章　万物之奥

道者万物之奥①，善人之宝，不善人之所保②。美言可以市，尊行可以加人③。人之不善，何弃之有④！故立天子，置三公⑤，虽有拱璧⑥以先驷马⑦，不如坐进⑧此道。

古之所以贵此道者何？不曰⑨以求得⑩，有罪以免⑪邪⑫？故为天下贵。

注释

①万物之奥：万物的主宰。②善人之宝，不善人之所保：道是善人的法宝，不善的人也要保有它。市，买、取。③加人：见重于人，为人敬重。④何弃之有：为什么要抛弃它呢？⑤三公：周朝时开始设置，即太师、太傅、太保。秦汉以后被取消。⑥拱璧：一种圆形的玉器，中间有孔，贵重之物。⑦驷马：四匹马驾的车，只有天子、大臣才能乘坐。⑧进：进献。⑨不曰：岂不是说。⑩以求得：有求就可以获得。⑪有罪以免：有罪就可以免去。⑫邪：耶，句末语气助词，表疑问。

译文

道，隐含天地之奥秘，是万物的主宰，善良的人要以它为宝，不善的人也要靠它求取庇护。美好的言辞可以获得人们的尊重，良善的行为可以受到人们的敬重。即使是不善的人，怎能被抛弃呢？所以，天子即位，设置三公，即使拥有了拱璧、驷马这样的礼仪，还不如用

"道"来作为献礼。

古时候尊崇"道"的原因是什么呢？这还不是因为，有求就可以得到帮助，有罪就可以避免过错吗？所以，"道"才被天下人所看重。

善人之宝

"道者万物之奥，善人之宝，不善人之所保。"这是讲政治哲学，也是修身处世之道。在老子眼里，"道"是万物的奥秘，也是众妙之门，它包罗万象，涵盖一切。就像我们所说的自然规律，只能遵循它，而不能违背它。善良的人离不开它，不善的人也要保有它。因为，"道"对不好的人，也不会弃而不顾。

道既是万物的起源，也是判断是非曲直的最高标准，不但可以区分优劣，而且还可以评判善恶。无为之道，指春风化雨般的潜移默化，是使自己保持低调，通过退让的方式实现政治理想。

"美言可以市，尊行可以加人。"美好的言论，可以获得他人的尊重。良善的行为，可以获得他人的敬仰。这些都可以作为他人学习的榜样。儒家说"见贤思齐"，也是这个道理。"人之不善，何弃之有！"不抛弃不善之人，这是讲"道"的重要。

"道"是行为规范和价值标准，世上的人没有不需要它的，无论是善是恶，是贵是贱。

"故立天子，置三公，虽有拱璧以先驷马，不如坐进此道。"上古的三公，相当于现在的国家顾问，是上古的"师道"政治，为帝王讲述"内圣外王"之道。然而，虽有三公之高位，并有价值连城的拱璧在先，良驹在后，仍然不如"道"的重要，不如每天坐而修"道"。立天子，置三公，聘问诸侯用拱璧、驷马，都是古代献奉的礼仪，较为隆重烦琐。"道"，可以使内心沉静，可以提高修养。常人所看重的是权势、物质、欲望。圣人所看重的是清净、无为、修养。这就是区别。

　　"古之所以贵此道者何？"古时候，人们为什么如此推崇"道"呢？"不曰以求得，有罪以免邪？"难道是说它有所求就可以得到，有了它就可以免罪吗？显然不是。道是清静无为之心，是"反求诸己"，是内心的反省和忏悔。心中无所求，道就在其中。如有所求，就是"有为"，违背了"道"的本意。换句话说，道不是向"外"求，而是向"内"求。因为"道"在内心。佛家所说"外道"，是指向心外去求法，这是不正确的，故有"邪魔外道"这个说法。

六十三章　为无为

为无为①，事无事②，味无味③。

大小多少④，报怨以德⑤。图难于其易⑥，为大于其细⑦。天下难事必作于易；天下大事必作于细。是以圣人终不为大⑧，故能成其大。

夫轻诺⑨必寡信⑩，多易必多难。是以圣人犹⑪难之。故终无难矣。

▶ 注释 ◼

①为无为：以"无为"的态度去作为。②事无事：以"无事"的方式去做事。③味无味：把无味当作一种味道。④大小多少：大生于小，多起于少。⑤报怨以德：用德去报答别人的仇怨。⑥图难于其易：解决困难从容易入手。⑦为大于其细：做大事要从小处开始。⑧不为大：不自以为大。⑨轻诺：轻易许诺。⑩寡信：很少守信。⑪犹：均、都。

▶ 译文 ◼

以"无为"的态度去作为，以"无事"的方式去做事，以"无味"作为事物的本来味道。

大生于小，多起于少，要用德去报怨。从容易处解决困难，从细小处以成大事。天下的难事，都从简易开始；天下的大事，必由细微开始。所以，圣人永远都不自大，所以才能成就大事。

那些轻易许诺的，很少能够守信；把事情看得简单，就会遇到困难。因此圣人遇到事情会认真对待，审慎处理，到了最后也就没有什么困难了。

图难于易

"为无为，事无事，味无味。"一个人看起来没有什么作为，其实却是大有作为。要顺乎自然，虽然做了什么事，却像什么也没做一样。世上最好的味道，就是没有味道。没有味道是什么味道？就是万事万物的本味，那是包含一切味道的。"君子之交淡如水"，水没有味道，也有味道，就是"淡"，也是"无味"。

"一切有为法，如梦幻泡影。"不偏重于一端，不执着于一念，这就是老子的人生观和处世哲学。清静无为，以保持对事物细微潜流的敏锐观察。顺应自然，恬淡虚无，不去任意干涉事物的发展。

"大小多少，报怨以德。"大，从细小而来。多，由少累积而成。所以，解决问题要从小处着手。事物之间，总有其必然的因果关系，都符合由量变而到质变的发展规律。

对于仇怨，老子主张"报怨以德"，即以"德"来化解"怨"，也叫"怨道"。相对而言，孔子是主张"以直报怨"的，你打我一拳，我就踢你一脚，还以颜色，这叫"直道"。不过，"报怨以德"是否真能做到，就要看个人的修养了。所以，上面的话可以灵活运用，并不是别人不领情，还非要"报怨以德"不可，这中间有大小多少之别，其间的因果关系，要先思考清楚。

"图难于其易，为大于其细。"困难的事，从简单处着手，把握要点，找到关键，就容易成功。"为大于其细"，大的成就，要从小处做起。懂了这两句，下面的话就容易懂了。"天下难事必作

于易。"天下的难事要从容易处开始，就不会太困难。"天下大事
必作于细。"这就像曾国藩所说"大处着眼，小处着手"，顾全大
局，也要注意小的地方，小事、琐事，甚至不相干的事，常常会产
生大纰漏。养生之道也是如此，不要忽略了生活的细节。要想做成
一件事，没有任何一点小事可以马虎的。

欧阳修有句名言："夫祸患常积于忽微，而智勇多困于所
溺。"祸患经常出在平常注意不到的小地方。那些毫不相干的小
毛病累积起来，就会成为大毛病。一个人有所溺爱，就会影响他
的智慧和勇气。甚至情绪上的一点偏向，就会蒙蔽了智慧。其
实，这也是"大事必作于细"的道理。

每件事，都必定有着许多细致的过程，借此以磨砺心性：平
等对待一切，是大公；充分尊重一切，是大善；以德报怨，是大
忍；谨小慎微，是细致；点滴积累，是耐心。

"是以圣人终不为大，故能成其大。"一个真正的圣人，不
自以为是，不说大话，不骄横，不狂妄，不傲慢，只是小心谨
慎。能够做大事的人，小事一样看得清楚。圣人之所以成就伟
大，就是因此。

"夫轻诺必寡信，多易必多难。"这是老子的经验总结，轻
易许诺的人必定很少守信，把事情看得太容易就会遇到很多困
难。人的精力和时间有限，如果超出了合理的"度"，总想做很
多事，结果一样都难办成。世间多风雨，人事很复杂，没有谁能
随随便便成功。先积攒自己的实力和智慧，再扩而充之，才能不
断走向壮大。

"是以圣人犹难之，故终无难矣。"圣人之所以成为圣人，因为
重视每件事情，所以终究不会有困难。不轻易许诺，一旦许诺就尽力
兑现。圣人不好大喜功，却能成就大事。因此，圣人才成其为圣人。

六十三章　为无为

183

六十四章　其安易持

其安易持①，其未兆易谋②，其脆易泮③，其微易散。为之于未有，治之于未乱。合抱之木，生于毫末④；九层之台，起于累土⑤；千里之行，始于足下。

为者败之，执者失之。是以圣人无为，故无败；无执，故无失。民之从事，常于几成而败之。慎终如始，则无败事。

是以圣人欲不欲⑥，不贵难得之货。学不学⑦，复⑧众人之所过。以辅万物之自然，而不敢为。

▶ 注释 ◀

①其安易持：形势安定的时候容易保持稳定。持，维持。②未兆易谋：没有征兆的时候容易谋划。谋，图谋。③其脆易泮（pàn）：力量薄弱的时候容易消解。泮，消散，化解。④毫末：细小的幼芽。⑤累土：成筐的土。⑥欲不欲：指去除贪欲。⑦学不学：学别人所不学。⑧复：返。改正错误。

▶ 译文 ◀

局面稳定时容易把握，情势未有征兆时容易图谋。事物脆弱时容易瓦解，细微时容易消散。要在事端未开始时就有所打算，要在祸乱未发作前就做预防。合抱大树，萌生于细小的幼芽；九层高台，积累于成筐的土堆；千里远行，开始于脚下。

对于这些渐进的过程，急功近利妄加干涉就会失败，执意于一端而加抗拒，就会使局面失控。因此，圣人从不干涉，所以不会失败；无所把持，所以不会失控。人们做事，往往在即将成功的时候失败。从始至终毫不懈怠，就不会有衰败之事。

因此，圣人想要的无所求，不重视珍贵的财货；想学习的是别人所不学，以弥补世人的偏激过错。以辅助万物自然发展而不强加干涉。

防微杜渐

"其安易持，其未兆易谋。"平安稳定的时候，容易维持局面。征兆不明显的时候，容易解决问题。"其脆易泮，其微易散。"脆弱的东西，容易被打碎。细微的东西，容易被分散。

所以，处理事情要在它尚未发生变故之前，治理国家要在它尚未发生混乱之前。有智慧的人，在尚未发生变故之前，可以预防将要发生的问题。好的政策，在国家尚未混乱之前，可以使社会得到长治久安。老子这几句话，说明了做事情需要深思熟虑，把握分寸，从细微处入手，不能马虎，这就是"防微杜渐"的哲理。

"为之于未有，治之于未乱。"真正做事业的人，还没开始前，已把基础打好了。表面看似一着闲棋，不起任何作用，实际是经过深思熟虑，预先做好安排的。到了真正需要的时候，就会发挥作用，收到功效。不等问题到来，就已做好安排。在天下未乱的时候，早早就把紊乱的根源解决掉了。

"合抱之木，生于毫末"，要多人才能合抱的大树，是从幼小的树苗长成的。它得到天地自然的养育，靠着自己的生命力不断生长壮大。"九层之台，起于累土"，九层高的台子是从一筐筐的土累积起来的。这就是"千里之行，始于足下"的道理。

由此可见，德行的修养也需要日积月累，平时就要谨慎于小节，不违道德于丝毫。无论何时何地，保持一颗善心，遵循自然之道而行，必定会增加修养，提升品德。"善"无所谓大小，只要使之成为内心的一种选择，即为大善，必致大德。反之，当做坏事已经成了习惯，即为大恶，必致大祸。

事物的发展，总是经过从无到有，从小到大的历程。大的难题往往是由小的隐患生成，量变到了一定程度就会发生质变。"其安易持，其未兆易谋。其脆易泮，其微易散"说的就是"防微杜渐"的道理。在矛盾暴露之前就未雨绸缪，就能将可能发生的危机扼杀在萌芽之中。

"为者败之，执者失之。"过于有所作为反会遭遇失败。为什么呢？就像"拔苗助长"一样，违背了自然规律，有所作为反而干扰了事物自身发展的规律，最后一定会导致失败。成功不是偶然的，其后有着千古不变的法则。把握事情的进展，要等待时机，有时要争，有时要让，有时要抓，有时要放。该争取的时候却退让，该退让的时候却强求。该抓紧的却放松，该放松的时候却抓紧，就是举止失当。

"是以圣人无为，故无败；无执，故无失。"有道之士处"无为"之道，不妄加干涉事物发展，所以永远处于不败之地。宇宙万物随时都在变化，圣人不固执成见，而是随时变通。追求物质会导致失败，执着于私利会遭受损害。无论求道、做人或治国，都不要沉迷于物质上的欲望，执着己见，而要谨小慎微，遵循自然之道，灵活变通。圣人因为"无执"，能应变、通变，不执着，所以，永远不会失败。

六十五章　善为道者

古之善为道者，非以明民①，将以愚之②。民之难治③，以其智多④。故以智治国，国之贼⑤；不以智治国，国之福。

知此两者，亦稽式⑥。常知稽式，是谓玄德。玄德深矣，远矣，与物反⑦矣，然后乃至大顺⑧。

▌ 注释 ▌

①明民：使人民聪明巧智。②愚之：使人民淳厚质朴。③难治：难以统治。④智多：多智巧、伪诈。⑤贼：灾难。⑥稽式：准则、法式。⑦反：同"返"，返归，德与万物返归于真朴。⑧大顺：顺应自然。

▌ 译文 ▌

古时候善于为"道"的人，教化天下，不是为了使人民聪明多知识，而是为了使人民智慧而淳朴。人民之所以难以治理，正是因为聪明太过而虚伪。所以，用智巧治理国家，就会使国家受到祸害；不依靠智巧治理国家，才是国家的福德。

懂得这两种不同的治国方式，也就懂得了治国的规范和法则。能够顺应时势而做取舍，就有了深广的功德。有了深广的功德，就能协同万物返璞归真。这样就无往而不利，达到自然而然的境界。

不为智巧

"古之善为道者，非以明民，将以愚之。"从字面上看，这句话是说上古以来善于为"道"的人，不是希望人民多知多识，而是希望人民愚昧软弱，似乎老子所说的是"愚民政策"，希望人民没有知识，越蠢越好。

接下去看，老子这样说："民之难治，以其智多。故以智治国，国之贼；不以智治国，国之福。"人民之所以难治，是因为知识太多了，如以提高知识来治国，那就是错误的，是"国之贼"；不用智巧来治国，才是国家之福。

如何正确理解上面的话，"愚"字的翻译是关键。老子是否希望推行"愚民政策"呢？显然不是。上古时，"愚"字的意思是淳朴、诚实。比如"愚钝"一词，就是指淳朴诚实，就像老子说过的"大智若愚"。这样理解，前面那句话就该翻译为，上古有道的人，不是使人民聪明而伪饰，而是指引人民智慧而淳朴。

当社会思想很乱的时候，唯一的办法是不要聪明，朴实自然。如果人人都以智巧来伪饰自己，耍聪明、玩手段，只会适得其反。对人民来说，如果教以聪明和虚伪，不仅祸害自身，还会祸及家国。如果人民都是大巧大伪，整个国家就要迅速败亡。所以老子说，"以智治国，国之贼；不以智治国，国之福"。

可见，老子的本意是要使人民抛弃小聪明，获得大智慧；抛弃虚伪、险恶，复归真诚、善良；淡化对物质的迷恋，加强对道德的修养。物欲横流，人心败则尘世乱。如果人民没有了道德的底线，没有了善良的本性。那么，人人都会为了利益而舍弃生命，却绝不会为了尊严与道义而轻生。一旦走到这一步，天灾人祸必定接踵到来，根本没有讨价还价的余地。

春秋战国时期，经历了连续一两百年的变乱。这一变乱而又痛苦的时期，引发了诸子百家争鸣，使得各家学术得到了发展。

但对于天地万物之道的终极追问，则各有各的说法，各有各的见解。只能仁者见仁，智者见智。

"知此两者，亦稽式。常知稽式，是谓玄德。"面对复杂的社会背景，一面是智慧，一面是淳朴，该如何选择呢？这两者都是一种原则性的规定，可以说是两个极端。对于原则性的问题，要加以灵活运用，所以"常知稽式，是谓玄德"，这也就是道德的运用。大家都说科技是一把双刃剑，用好了可以提高人民的生活水平，用不好就会造成毁灭性的后果。智愚之辨，从这个角度去看，才会了解其中区别。

中国文化中，法家主张法治，儒家主张礼治，道家主张无为而治。或专制集权，或人民民主，或无政府主义。不管怎么说，各有各的道理。在老子看来，只好选择朴实自然之道，而不为机智巧诈。这才是值得遵守的治国之道，只有这样，才算是真正懂得政治哲学的最高标准。

"玄德深矣，远矣，与物反矣，然后乃至大顺。"深远的道德往往与常理相反。正因如此，才能把过分的一面拉回正途。比如，追求民主到了疯狂的程度，这民主就成了问题。所以，不可以违反时代的趋势，必须要有恰当的方法，才能矫枉过正。如何运用，就在于高度的智慧了。政治是一门艺术，没有固定不变的方法。"不为良相，则为良医"，不做救国救民的政治家，就做为人治病的医生。医学和政治的相通之处，都是为了救人，只是方法不同。

六十六章　为百谷王

江海所以能为百谷王①者，以其善下之②，故能为百谷王。

是以欲上民③，必以言下之④；欲先民，必以身后之。是以圣人处上⑤而民不重⑥，处前而民不害⑦，是以天下乐推而不厌⑧。以其不争，故天下莫能与之争。

▌ 注释 ▌

①百谷王：百川的统领，即河流汇聚的地方。②以其善下之：因为江海善于处于众河流之下。③上民：在民之上，即成为统治者。④以言下之：用言辞对人民表示谦下。以，介词，用。下，谦下。之，代人民。⑤处上：居于上位。⑥不重：不感到负重。⑦不害：不感到有所妨碍。⑧推而不厌：推戴而不厌弃。

▌ 译文 ▌

江海之所以能汇聚百川而得以称王，是因为它善于处在下游，所以能成为百川之王。

因此，圣人要治理人民受到推崇，必须在言行上表示谦下；要想领导人民，必须把自己的利益放在后面。因此，圣人虽然身居众人之上，但人民却并不感到负担沉重；虽然走在人民的前面，但人民却并不感到有所妨碍。因此天下人都拥戴而不厌烦。因为不与人相争，所以天下也没有谁能和他争。

海纳百川

"江海所以能为百谷王者，以其善下之，故能为百谷王。"江海之所以能够容纳百川，汇聚一切的山谷水流，是因为地势低，是自然而然。在《道德经》中，老子多次以"海"来形容个人学问、道德上的修养，希望人们能够像海洋一样，包容一切。

"是以欲上民，必以言下之。"要想做统治者，身居上位，那就要说话不刻薄，态度谦逊。中国的帝王多自称"寡人"，意思是寡德之人，开始也是表示谦卑之意。这种"必以言下之"的谦虚态度，表示人民才是国家的主人。

"欲先民，必以身后之。"想领导人民，必须把本身的利益放在后面。就是前面所说"后其身而身先"的道理，有了好处，先让人民得到，剩下的自己再拿。假使遇到困难，就先于人民去面对，这就是领导的原则，也是领导人的道德。

有道的圣人，领导人民就能做到"处上而民不重"，他虽然身居高位，人民却感觉不到压力。站在前面，人民并不觉得他占了先，也没有妨害大家。"是以天下乐推而不厌"，因此，古代历史上的圣君明王，天下归心，那是自然而来的。

"以其不争"，因为圣人内心无求，从来不与人争，利益由别人先得，坏事自己来面对。所以，世上没有人和他争。这是有道者在政治上的领导哲学和领导艺术。

与之相反，如果权力、利益等，只有统治者才能得到，百姓却不断受到侵扰，难以安居乐业，那就谈不上天下大治。如果用缺乏道德修养的小人来治理国家，那就会不择手段，无所顾忌为所欲为。因为缺乏道德上的修养，却又私欲旺盛，那就会用严厉的手段，企图掌控物质、精神及思想的一切方面，扰民不断。一切灾祸，都源于道德上的缺失。一切扰民的举措，都源于统治者的私欲旺盛。道德缺失则私欲旺盛，私欲旺盛则万民不宁，天灾人祸也就不断。

六十六章 为百谷王

六十七章　我有三宝

　　天下皆谓我道大，似不肖①。夫唯大，故似不肖。若肖②，久矣其细也夫。

　　我有三宝，持而保之。一曰慈③，二曰俭④，三曰不敢为天下先⑤。慈，故能勇⑥；俭，故能广⑦；不敢为天下先，故能成器长⑧。

　　今舍慈且勇⑨，舍俭且广，舍后且先，死矣！夫慈，以⑩战则胜，以守则固，天将救之，以慈卫之。

▸ 注释 ◂

　　①似不肖：似乎不像什么东西。②若肖，久矣其细也夫：如果像什么东西的话，它早就渺小不成为"道"了。③慈：慈爱。④俭：节俭。⑤为天下先：走在天下人的前面。⑥慈，故能勇：因为慈爱，所以勇敢。⑦俭，故能广：节俭才能宽广。⑧器长：万物之长。⑨舍慈且勇：舍弃慈爱而求勇敢。⑩以：用，指使用慈爱。

▸ 译文 ◂

　　天下人都认为我说的"道"大，它不像任何具体的东西。正因为它的广大，所以不像任何具体的东西。如果它像什么具体的东西，它早就不是"道"，而是别的事物了。

　　我有"三宝"，掌握并保持它们：一叫慈爱，二叫节俭，三叫不敢为天下先。保持慈爱，就能勇敢；保持节俭，就能富裕；不敢为天下先，就能行走于天地之间。

现在，舍弃慈爱而求勇敢，舍弃节俭而欲富贵，舍弃退让而想争先，结果只能是死路一条。慈爱，用它去征战就能获胜，用它去防守就能巩固。上天想救助谁，就用慈爱去保护谁。

持而保之

"天下皆谓我道大，似不肖。"天下的人都说我所讲的"道"太大了，有点虚无缥缈，似乎不大对头。"夫唯大，故似不肖。"就是因为这个"道"实在太大了，大到没有边际，摸不着，看不见，所以才不像那么回事。

"若肖，久矣其细也夫。"好在这个"道"什么都不像，如果这个"道"像一个东西，让人容易理解，一说就明白，那它就一点儿也不伟大了。假使这个"道"可以讲明白，让人看得见摸得着，那它早就没有了，也就不是"道"了。

老子接着讲："我有三宝，持而保之。一曰慈，二曰俭，三曰不敢为天下先。"我有"三宝"，请你们把握住而且保持下去。不管做人做事创业立功，上至治理国家，下至做一族之长，都离不开这三宝。

"一曰慈"，不管做什么事情，永远都要怀有一颗慈爱之心，而且要推己及人，处处仁慈。"二曰俭"，这是指物质上的节俭，也指精神的消耗。言行也要节俭，不要说那么多废话，也不要做那么多不着调的事，以免徒然浪费精神。"三曰不敢为天下先"，不要在天下人之前争先，不要老想着出风头，做事情恰到好处就可以了。

"运用之妙存乎一心"，原则已经讲了，应该如何去运用去创造，如何去做事，就在于个人的智慧了。

"慈，故能勇"，具备了慈爱之心，才能大智大勇。有了爱天下人的心，才有牺牲自我的勇气。"俭，故能广"，因为节俭，所以发挥起来更为广大。比如，一个人什么事都做得很琐细，那么精力有限，就不能做到广博了。"不敢为天下先，故能成器长。"因为不为天下先，就能统领全局，使得万事万物符合自然之道，生命悠长。

"今舍慈且勇，舍俭且广，舍后且先，死矣！"现在舍弃了慈爱之心，而去好勇斗狠，侵略他人。舍弃了节俭，欲望越来越多。把个人的利益放在前面，只顾自己，不管别人。那就只有死路一条了。

"夫慈，以战则胜，以守则固，天将救之，以慈卫之。"有了慈爱之心，用它来打仗就会取胜，用它来防守就会稳定国家。上天如果想救谁的话，一定会让他有慈爱之心。"天心仁爱"，万物依靠天地而生生不息，一个人真正有了慈爱心充沛于体内时，上天自然会佑护你。

六十八章　善为士者

善为士者①不武②，善战者不怒，善胜敌者不与③，善用人者为之下④。是谓不争之德，是谓用人之力，是谓配天⑤古之极⑥。

▶ 注释 ◀

①善为士者：善于领兵打仗的人。士，卿士，统帅，领导。②不武：不逞匹夫之勇，不炫耀武力。③不与：不争不斗。④善用人者为之下：善于用人的，对人态度谦下。⑤配天：符合自然之道。⑥古之极：上古时最高的标准。极，准则，标准。

▶ 译文 ◀

善于当统帅的，不逞匹夫之勇；善于作战的，不轻易发怒；善于胜敌的，不与他人争斗；善于用人的，态度谦卑柔和。这就成为不争的品德，这就是善于用人的能力。这样做才符合自然之道，是古来就有的最高准则。

不争之德

"士"，这个字在上古时代，并不专指文人。那时候的各级官吏，是被地方上所推选，为国家做事的人，文武兼通，有德有才，称之为"士"。"善为士者不武"，不是说他们不会武功，而是说他们行为良好，不擅自动用武力。这在现实和影视作品中，可以得到例证，真正大智大勇的人，往往文质彬彬，不逞强好胜，不轻动武力。当然一出手就能威震全场，成为绝对的高手。

"善战者不怒"，善于征战的将领，不轻易动怒。他有真正的智慧，也有高度的修养。"善胜敌者不与"，善于战胜敌人的人，往往措施周全，不与敌人正面冲锋。自己没有疏漏，也不给敌人以机会。从容而为，以静制动。

"善用人者为之下"，善于用人的人，姿态低下，态度客气不傲慢。历史上许多名将所秉持的理念是"身先士卒"。任何冒险犯难的事，自己先来，利益则分给士兵。这样就能借用众人之力，集思广益，获得胜利的保证，也是最高的领导能力。

老子认为，上面所说的"不武""不怒""不与""为人下"，都是符合自然法则的最高行为，是"不争之德"。不遵循"道"的原则，强人所难，咄咄逼人，只会适得其反。《孙子兵法》云："主不可以怒而兴师，将不可以愠而致战。"君主和将帅若因"怒"而兴师，很可能会错误估计形势，以致不爱惜士兵的生命，这对战局是极为不利的。

老子所提倡的"无为"，是为人处世乃至治理国家的重要方略在社会生活中的具体体现。只有真正理解"道"与"德"的含义，才能在千变万化的战场上加以灵活运用。"德"是老子学说的一个重要概念，由"道"演化而来。它具有超越万物的能力而不倚势凌人，"不争"是"德"的最高境界，而这一切皆源于"道"。

"是谓配天古之极"，言行举止以"道"为准则，才符合自然之道。"天之道"是生生不息的，懂得付出并不索取的道理，也就懂得了老子所讲的"德之用"。因此，这上古之时的传统文化，至高无上，做到了这些，就无人能敌，所以叫"古之极"，因为它高到了极点，不可以随意变动。

老子所生活的春秋末期，周王朝不能有效控制天下，各诸侯国之间战乱频发，在这种情况下回避战争是不现实的。战争是解决政治问题的重要形式之一。老子所反对的，是那些无事生非，主动挑起的战争，是那些以杀人为乐，以掠夺为主的战争，这样的战争自然是"胜而不美"。

六十九章　用兵有言

用兵有言①，吾不敢为主②而为客③；不敢进寸而退尺。是谓行无行④，攘无臂⑤，扔无敌⑥，执无兵⑦。

祸莫大于轻敌，轻敌几丧吾宝⑧。故抗兵相加⑨，哀者⑩胜矣。

▶ 注释 ■

①有言：有条格言。言，格言。②为主：采取主动。③为客：采取守势。④行无行：摆开阵势，就像没有阵势。前面的"行"是动词，指排兵布阵。后面的"行"是名词，指行列阵势。⑤攘无臂：挥动手臂，却像没有挥动。攘，举起手臂。⑥扔无敌：面对敌人，却像没有敌人。扔，对抗。⑦执无兵：虽然有兵器，却像没有兵器。执，拿、持。⑧吾宝：指前面所说三宝"慈、俭、不敢为天下先"。⑨抗兵相加：对抗的双方实力相当。⑩哀者：悲哀的一方，指受到攻击遭受侵略的一方。

▶ 译文 ■

领兵打仗有一条格言："我不采取攻势，而宁愿防守。不敢前进一寸，而宁愿后退一尺。"虽然布有阵势，却像没有阵势一样，挥动手臂，却像没有挥动一样，迎战敌人，却像没有敌人一样，手执兵器，却像没拿兵器一样。

最大的祸患莫过于轻敌，一旦轻敌，就会丧失了我的"三宝"。所以，两军对峙实力相当，忧戚而又深思的一方就会获胜。

以退为进

"吾不敢为主而为客；不敢进寸而退尺。"这是一条关于兵法的上古格言，体现了战争的灵活性。老子在《道德经》中加以引用，是为了说明道德修养在军事战争中的重要运用。

"吾不敢为主而为客"，意思是说统率大军，不可固执己见，要多方了解敌对双方情况，才能做出恰当的选择。"知己知彼，百战百胜。"把握尽可能多的外界情况，不拘囿于主观感受，善于利用环境顺势而为，就能获得军事上的成功。

"不敢进寸而退尺"，其实就是"以退为进"的道理。上古用兵，常常不求"进寸"而求"退尺"。这在战争史上有很好的例证，故意退兵，往往会打胜仗。诱敌深入，使之轻敌，使对方暴露弱点，为我所用，就是其中的道理。

以退为进是"不争"的表现。老子所说的"不争"并不是妥协退让，而是"知其雄，守其雌"，从而实现以柔克刚，通过"无为"来达到"无不为"。"不争"是以"柔弱"为前提，以表面的"柔弱"来麻痹对方，给对方造成错觉，从而使对方率先出动，暴露意图。这样，主动与被动就可以相互转化，局势将出现逆转。可见，老子所说的"为客"与"退让"，实质是为了掌握主动权，变被动为主动。

"行无行，攘无臂，扔无敌，执无兵。"敌人虽想正面对阵，却无阵可对；虽想援臂搏斗，却无臂可援；虽想夺我兵器，却无兵器可夺；虽想引敌相拼，却无敌可拼。因为避开了敌方的锋芒，所以敌方找不到突破口。

这就是不战之战。不在战场上逞血气之勇，而在战场之外做功

六十九章 用兵有言

夫，打没有硝烟的战争，就像一句名言"无字句处读书"。战争，受多种因素制约，经济、政治、文化、风俗，还有天时、地利、人和等。战争以战场以外的诸多因素为基础，在这些基础上做文章，釜底抽薪，就是不战而屈人之兵的最高手段。就像打太极拳，把对方挡开了，而对方还不知道，这是善于运用力道。别人看不出来其中道理，无法与你相争。被打败了，还不知道怎么被打败的，这是最高的境界。战争也是一种艺术，需要真正的智慧，统军将领要有一定的道德修养，才能对战术原则加以灵活运用。

"祸莫大于轻敌"，这是一个原则性的说明。两军对阵，一定要谨慎小心，不要忽略任何一种外在的因素。"轻敌几丧吾宝"，一旦轻敌，就会面临灾难性的后果。甚至连生命也会丧失。老子的三宝指"慈""俭""不敢为天下先"。

"故抗兵相加，哀者胜矣。"以武力对抗的时候，首先宽容忍让，怀着悲天悯人之心，最后不得已而奋起抗战，往往会取得最终的胜利。

七十章　吾言甚易知

吾言甚易知，甚易行。天下莫能知，莫能行。言有宗①，事有君②。夫唯无知，是以不我知。知我者希，则我者贵③，是以圣人被褐④怀玉⑤。

▶ 注释

①言有宗：言论有宗旨。宗，根据，根本。②事有君：做事有主张。君，根本、依据。③则我者贵：效法我的难能可贵。则，法则，做动词用，取法、效法的意思。贵，难能可贵。④被褐：身穿粗布衣服。被，通"披"。褐（hè），粗布衣服。⑤怀玉：怀揣美玉，指精神可贵。

▶ 译文

我的话很容易知晓，也很容易实行。而天下却没有人能听懂，也没有人去实行。说话要有宗旨，做事要有根据。正由于人们无知，因此他们不了解我。能理解我的人很少，能效法于我的人更是难以遇到。因此，圣人外面穿着粗布衣服，怀里揣着的却是美玉。

知易行难

本章论述了知易行难的道理。大道虽然简单，了解它也很容易，却没有坚持执行。尽管不被世人理解，有道的人仍然要被褐怀玉，顺应自然，守护三宝。这是老子在乱世之中流露出的无奈之叹息，寂寞、孤独乃至悲凉，其思悱恻其情堪哀。

"吾言甚易知，甚易行。天下莫能知，莫能行。"老子认为自己所讲的道理很容易理解，也容易做到。可天下没有人能懂，也没有人坚持去做。

"言有宗，事有君。"说话要有重点，做事要有根据。有人做了很多事，但自己究竟想要什么，连他自己都一头雾水。因为他自己没有重点，只任由思绪乱跑，终究是流于肤浅。

"夫唯无知，是以不我知。"因为世人太无知了，没有智慧，所以听不懂我的话，不理解我的意思。这句话也可以理解为，真正的智慧是"无知"，智慧到了极点，知道"无知"，才是真智慧。真正的智慧朴实无华，最伟大的成就平淡无奇。

老子所提倡的"无为"，包括虚静、柔和、慈俭、不争等思想，都是从"自然之道"所引发，容易理解，也容易实行。但是，人们由于被物质欲望所诱惑，淳朴的天性渐渐湮灭，对这些最根本、最浅显的道理反而不愿意理解，更别说去实行了，所以老子发出这样的牢骚。

现实生活中，人们为了追逐名利、金钱，乃至权势，施展出浑身解数，各种方法手段层出不穷。因为拥有了这些，就意味着物质上的不尽享受，就意味着处处有人奉迎。于是，尘世就这样循环往复，生命就这样沉沦堕落。

七十一章　知不知

知不知①，上②；不知知③，病④。

夫唯病病，是以不病。圣人不病⑤，以其病病⑥，是以不病。

▶ 注释

①知不知：知道自己不知道。或者知道却自以为不知道。②上：最好。③不知知：不知道却自以为知道。④病：缺点，毛病，祸患。⑤圣人不病：圣人没有祸患。⑥病病：以病为病，把这种毛病当作毛病。

▶ 译文

能够知道自己还有所不知，是最好的；不知道却自以为知道，这是毛病。

正因为把毛病当作毛病来看，所以才不犯这样的毛病。有道的圣人知道毛病就是毛病，所以认真对待，及时解决，所以才不犯这样的毛病。

反躬自省

"知不知，上。不知知，病。"知道自己所不知道的，才是真正的高明。以自己的"无知"为知，这就是缺点和毛病。聪明的人不去刻意表现自己，虽然一切都知道了，外表看来却什么也不知道，这是一种圆融的智慧。有些人却正好与此相反，自己

根本不知道，却处处表现得好像自己什么都懂，这就是"不知知"，是人生的大病。老子这句话，指出人类的通病，也是人性的弱点。

世上以"无知"为知的人太多了，都是强不知以为知。明明不清楚，反而假装非常了解。有真学问的人，绝对不会犯这样的毛病。有道的圣人更不会如此，因为他认为这样是一种毛病，是一种缺点，所以真正的有道者，不会刻意去做表面功夫。

"夫唯病病，是以不病。"这两个"病"字，前面的是动词，后面的是名词。圣人懂得这个道理以后，以"强不知为知"当作一种毛病，所以不会犯这个错误。

西方有句谚语："知识越多痛苦越大，学问越好烦恼越深。"其实，当一个人走到了高处，有了一定成就，而没有足够的智慧压底，往往会成为一种致命的缺点。

老子指出，圣人是有自知之明的，这种自知使其避免了"不知知"的毛病；而他之所以能够避免这种毛病，正是因为他以"不知知"为耻，视"不知知"为病。相反，有这种毛病的人从来不认为自己不知，反而自以为是。这就是圣人与凡人的差别。

修身养性，不能不时刻自省。宇宙万物天地乃至人体自身，都有其不可违背的法则。也许一个人所遭遇的不幸，都是由自我的心性所造成的。面临矛盾、烦恼或挫折，要多从自身找原因，才能发现真实的症结，才能从根本上解决问题。

人为什么会犯错误？就是因为一知半解，却自以为全知全能；就是因为只从外界找原因，却不从自身找原因。所以，圣人、智者或君子，都严格要求自我、解剖自我，绝不会去怨天尤人。宇宙万物之间的奥秘是无穷无尽的，人所能知道的毕竟有限。故人有所知，也必有所不知；知道得越多，就有越多的疑问。倘若以有限的已知封闭自我，未知的大门就永远不会打开。

与恍惚迷离的"道"相比，人的视野实在太狭窄了。必须承认个体的渺小和认识的有限，盲目自大只会耽误自己。孔子说："知之为知之，不知为不知，是知也。"一时的无知是不可避免的，但这并不能作为犯错误的借口，懂得勇敢面对自己的无知，才能避免因为无知所造成的错误。

老子认为"知不知"才是真正的智慧，面对广袤的宇宙，人类只有认识到自己的渺小，才能谦卑自处，才不会盲目自大。现实生活中，往往一些学界名人，也会犯以不知为知的毛病。其实，眼界越宽，就越要善于自我反省。学识越丰厚，思想越深刻，就越应该懂得谦卑。

就像那些古时的贤者："豫兮若冬涉川，犹兮若畏四邻，俨兮其若容，涣兮若冰之将释。"看起来行事卑微，毫不洒脱，其实是因为他们在深刻懂得了"道"的含义后，内心里所独有的真切感受。

七十一章　知不知

七十二章　民不畏威

民不畏威^①，则大威^②至。无狎^③其所居，无厌其所生^④。夫唯不厌，是以不厌^⑤。是以圣人自知，不自见^⑥；自爱，不自贵^⑦。故去彼取此。

▶ 注释 ■

①民不畏威：人民不畏惧暴力和压迫。②大威：指人民起而反抗所带来的大威胁、大祸乱。③狎：通狭，狭窄、逼迫。④无厌其所生：厌，通压。不要压制人民的谋生之路。⑤夫唯不厌，是以不厌：只有不压榨人民，人民才不会厌恶。前面的"厌"，通压，压迫的意思；后面的"厌"，厌恶的意思。⑥自见：见，通现。自我表现，自我夸耀。⑦自爱，不自贵：自尊自重，但不自以为高贵。

▶ 译文 ■

当人民不再畏惧暴力统治的时候，那么，就会有更大的暴力到来。不要压榨人民的处所，不要逼迫人民的生活。只有不压榨人民，人民才不会厌恶统治者。因此，圣人有自知之明而不自我夸耀，自我爱惜而不自显高贵。所以，要抛弃自见、自贵，保有自知、自爱。

不压不厌

"民不畏威，则大威至。"当人民不再畏惧权威的时候，那么，统治者就要面对真正的大威胁和大祸乱了。

"无狎其所居，无厌其所生。"狎，玩弄的意思。居，居住的场所。厌，通"壓"，压迫的意思。不要用权势压迫人民，不要阻碍人民的生存之道。否则就会引来人民的反感，甚至反抗。在上的统治者要有一定的政治素养，不可玩弄社会，愚弄人民。"玩人丧德，玩物丧志"，自以为高明，贪图物质上的享受，压迫人民玩弄权势，就会丧失道德，就会堕落，进而引起人民的暴力反抗。

"夫唯不厌，是以不厌。"前面的"厌"是"压"，后面的"厌"是讨厌、厌烦的意思。上古汉字只有几千，同一个字可以表达多种意义。只有不压迫人民，让人民感到生活快乐，感受到足够的幸福，人民才不会讨厌统治者的统治，进一步维持社会发展的和谐安定。

统治者逼迫、威压人民，不外乎两个原因。一是扩张自己的利益，即与民争利；二是好大喜功，显露自身的威严。无论哪一种，都犯了彰显的毛病，都必定侵害人民的财产、性命或自由，这与道生养万物而不居功自傲的谦下精神，完全是相反的。

统治者与被统治者的矛盾，贯穿着阶级社会的始终，其实就是官与民的矛盾。矛盾双方的力量消长，决定着矛盾的缓和、激化和爆发。矛盾轻微时，社会和谐，即所谓太平盛世；矛盾严重时，则社会不稳定，甚或动荡。

"哪里有压迫，哪里就有反抗。"这说明了先有压迫才有反抗，因为压迫才导致反抗，也就是说压迫无理，反抗有理。这可以说是最彻底的民主宣言了，似乎也是实现社会进步的唯一方法。没有反抗，压迫不会主动消除；没有反抗，民主不会自动到来。社会也不会因而进步。

权威的压迫并不是真正的治国之道。人民对于压迫也是有底线的，一旦突破这个底线，就必然会起而反抗，那时候，就是统治者要面临大威胁大祸乱的时候了。

七十三章　勇于敢则杀

勇于敢①则杀，勇于不敢则活。此两者，或利或害。天之所恶，孰知其故？是以圣人犹难之。

天之道，不争而善胜，不言而善应②，不召而自来，绰然③而善谋。天网恢恢④，疏而不失⑤。

▶ 注释 ◼

①勇于敢：逞强斗狠。敢，进取。②应：回应。③绰（shān）然：舒缓的样子。④天网恢恢：指自然法则广大无边。⑤疏而不失：虽然稀疏，却决不漏失。

▶ 译文 ◼

逞强斗狠，则有杀身之祸。勇于不敢做，则可以保全生命。这两方面，有的得利，有的受害。上天所厌恶的，谁知道是什么缘故呢？因此，圣人也难于说明其中的道理。

自然的规律是不抗争却能够取胜，不说话却有回应，无须召唤自然而来，从容坦然而有筹划。天网宽大无边，稀疏而不遗漏。

利害相关

"勇于敢则杀，勇于不敢则活"，逞强斗狠，无所顾忌，就会引来杀身之祸。谨小慎微，考虑再三，然后再做取舍，就能保全生命。可见，一味逞强并非真正的勇敢，如果没有足够的智慧来做判断，没有足够的修养来对待世事，就会引来切身之痛。

"勇于不敢"，其实是"勇于不为"，指一种虚静守柔的为人处事态度。自然的法则是柔弱不争，人就应取法于此。刚强好斗是违反自然的。处处争强，甚至去做不法之事，只能得到一时的快乐，最终会惹来仇怨。三思而后行，体会世态人情，再做取舍，才是真正的"勇"。

"此两者，或利或害"，勇于去做，还是勇于不做，这是与自己利害相关的事，能否保全生命，就在于如何做出取舍。这需要有足够的智慧。

"勇"之所以为"勇"，就在于谨慎与顺应。将勇气建立在妄为蛮干的基础上，往往会招致杀身之祸。所以，"勇"和"敢"之间的区别，在本质上是柔与刚的区别。蕴藏于万事万物中的"道"是难以捉摸的，要想遵循自然的法则就必须谨小慎微。不与人好勇斗狠，就会心绪平静。心绪平静，就能淡泊处事，放弃世俗之中的许多执着与偏见。

"天之所恶，孰知其故？是以圣人犹难之。"利害之间的取舍要有高度的智慧，这是宇宙自然乃至天地的意志，谁能确切知道它的缘故呢？人类是很难找出原因的，纵然大彻大悟的有道之士，也难以把握取舍。

天道难测，利害之间会有一定的变数，只有小心谨慎不断调整，才能做出适当的决策。或许一件事，一时分不清利害，就不可贸然去做。确定是对了，便大胆去做。"道可道，非常道。"就算是圣人，对于"天道"也不能完全理解。所以要敢于摸索，但不可妄为，心中存道而行，则终能找到真理，凭着本心和良心做事，为发展求进步，互助互爱，遵循天道而行，就是灵活处世之道。

七十四章　民不畏死

民不畏死，奈何以死惧之！若使民常畏死，而为奇者①吾得执而杀之②，孰敢？

常有司杀者③杀。夫代④司杀者杀，是谓代大匠⑤斲⑥。夫代大匠斲者，希⑦有不伤其手矣。

▶ 注释 ◀

①为奇者：做坏事的人，即捣乱作恶的人。奇，正的反面，指邪恶。②执而杀之：抓起来杀掉他们。之，指为奇者。③司杀者：指行刑者，专管杀人的人。④代：代替。⑤大匠：高明的木匠。⑥斲（zhuó）：砍。⑦希：通"稀"，很少。

▶ 译文 ◀

人民是不怕死的，为什么要用死来恐吓他们呢？如果能够使人民总是怀着怕死之心，那么对于捣乱作恶的人，可以抓来杀掉，谁还敢胡作非为呢？

天地自然有自己的杀伐机制。那些要代替上天和自然去执行杀伐任务的，就像代替高明的木匠去砍木头。代替高明的木匠砍木头，很少有不砍伤自己的手的。

生死予夺

"民不畏死，奈何以死惧之！"民众是不怕死的，为何要用死来恐吓他们呢？这也是老子的治国之道。"死"是人人畏惧的，是生存的底线。一旦越过这个底线，便不再畏惧。也就是说，不要时时挑战他人的底线，不要轻视他人的底线，否则将大祸临头。

"若使民常畏死，而为奇者吾得执而杀之，孰敢？"假使人民真的怕死，统治者就可以用杀来威吓，天下岂不太平了吗？但是，根据历史的法则，越杀越不太平，越造成社会的不安和愤怒。孟子说"不嗜杀人者能一之"，意思就是不嗜杀的人能统一国家。

一旦百姓连死都不怕了，用死去威胁他们也没用了。所以说，只有让百姓安定生活才能让他们畏惧死亡。在这样的情况下，一旦出现了破坏安定生活的人，就把他们抓起来杀了，谁还敢再为非作歹呢？

"常有司杀者杀。"这里的司杀者，可以理解为自然规律主宰人类的死亡，也可以理解为专门掌管刑罚以杀人的司法机关。天地生养万物，同时也使万物消亡。比如，草木的生长凋零，这些都是符合自然规律的。

"夫代司杀者杀，是为代大匠斲。"若有统治者以各种刑罚，代替自然去杀人，就等于代替高明的工匠去砍木头，并不符合自然之道。人的生死本是顺应自然的，正如庄子所说，"适时而来，顺时而去"。没谁有权利去剥夺人的生命。但是，统治者为了加强自己的权力和统治，设置酷刑，肆意屠杀人民。就是"代大匠斲"。

如果真到了非杀不可的时候，那么，这个杀人任务应由专门的司法部门来实施。如果司法混乱，比如以行政代司法，就像代

213

替高明的木匠去砍木头，如此行事很难不伤及自身。

明末张献忠败退四川后大肆屠杀人民，有"七杀碑"写道："天生万物以养人，人无一德以报天，杀杀杀杀杀杀杀。"一连七个"杀"字。张献忠认为，人活世上没有地方对得起上天，所以要"杀"，这是他的流氓哲学。所以，所谓的替天行道，各种死刑，就是代"大匠"去杀人。

"夫代大匠斲者，希有不伤其手矣。"代天去杀，很少有不受伤的。只有仁慈、仁爱，才能使天下归心，所以绝不可以枉自杀人。

只有读懂了老子，才会知道老子是一个真正的大智大慧、悲天悯人的哲人。他绝不会提倡去杀戮民众，不管以任何理由和借口。"民不畏死"，其实是要告诫统治者注重民生。只有人民生活安乐了，才会常怀畏死之心，才能法令通行。"仓廪实而知礼节"，老百姓吃饱了，穿暖了，有地方住，就不会铤而走险。不然，就会"民不畏死"，成为社会的隐患，增加社会的风险，那时候就会欲稳而不可求。

七十五章　民之饥

民之饥，以其上①食税②之多，是以饥。民之难治，以其上之有为③，是以难治。民之轻死④，以其上求生之厚⑤，是以轻死。

夫唯无以生为⑥者，是贤于贵生⑦。

▶ 注释 ◀

①上：统治者。②食税：征税。食，征收。③有为：无为的反面，任意妄为。指统治者政令繁多，赋税繁重，用严刑厉法统治人民。④轻死：看轻死亡，不怕死。⑤求生之厚：指统治者只顾保养自己，奉养奢华。⑥无以生为：以无为生。以无为之道而生存。⑦贵生：以生为贵。

▶ 译文 ◀

民众之所以陷身于饥荒之中，是因为统治者所征收的赋税太重了，因此发生饥荒。民众之所以难于治理，是因为统治者强作妄为、好大喜功，因此难以治理。民众之所以轻生冒死，是因为统治者只顾自己生活奢靡，百姓才铤而走险冒死反抗。

只有那些不注重奢华生活淡泊清静的人，才比那些贪图物质享受奉养奢华的人高明。

何以为生

"民之饥，以其上食税之多，是以饥。"人民陷于饥荒的境地，是因为统治者在税收上多加征敛，只为满足自我的贪欲，所以民众饥荒。春秋后期连年战争，使社会贫穷，人民陷入饥荒的境地。

"民之难治，以其上之有为，是以难治。"人民难以治理，是因为统治者为了争夺土地，扩大疆域称王称霸，造成民穷财尽，所以难以治理。由此可见，老子提出"无为之治"是针对社会现实的良药。国家难以治理的原因，正是统治者过于有为，或是不断征伐，或是建筑宫室，所以劳民伤财，才使国家难以治理。

"民之轻死，以其上求生之厚，是以轻死。"当政令繁出，统治无道，民不聊生，那么人们宁愿冒死反抗。"求生之厚"，是指统治者私心泛滥，贪求物质享受而不知足。最终只能事与愿违，因为百姓不堪忍受了，自然会站起来，冒死也要把统治者推翻。

上面的现象是谁造成的呢？当然是为政者欲求太多，要求过分，使人民陷于饥荒的境地，生活困苦难以为生。老子指责统治者的策略失误，问题一个比一个严重：民之饥、民之难治、民之轻死。民以食为天，赋税过重使民众陷入饥荒。政令繁多使人民无所依从，社会秩序难以维系。压榨人民而骄奢淫逸，这就将人民逼上了冒死反抗的绝路。

所以，社会税收除了合情合理之外，还要真正用于公共建设和谋求社会福利，而不是落入一小部分人的腰包。由民之饥、民之难治到民之轻死，并不仅仅是税赋繁多的问题，而且包括税收的不合理使用问题。

先秦诸子百家，老子可以说是最关心百姓生活，最有济世情怀的人。儒家也关注民生，但要先由统治者推行仁政才能解决。韩非子写《解老》《喻老》，但人民在他眼里不过是工具而已。

"夫唯无以生为者，是贤于贵生。"作为国家的统治者，不要只求物质上的享受，而不顾人民。这是对统治者的强烈警告，指出"虐政"，即对百姓的剥削和压榨是社会混乱的根本原因。民众不堪忍受，就会冒死反抗。

"无为其生，而后生"，只有先把自己放在一边，才能获得生存。以"无为"之道处理国事，不贪图欲望的满足，才是比"贵生"更高明的做法。

道教是讲究"贵生"的，因为它追求肉体的长生和快乐，这也是老子思想的一个重要部分。但是，老子所讲的"贵生"并不是说要一味放纵自我，追求感官的欲望和物质的安逸。

"五色令人目盲，五音令人耳聋，五味令人口爽，驰骋畋猎令人心发狂，难得之货令人行妨"，这样不但不是养生，而且是速死，不仅会耳目不灵，还会导致神志混乱，对生命有所妨碍。统治者若不能正确理解"贵生"，就会危害百姓，造成"民之饥，民之难治，民之轻死"。如果认为放纵自我，追逐名利情欲物质享受就是"贵生"，那还不如"无以生为"。

"无以生为"之所以"贤于贵生"，是因为它符合自然之道，是因为"反者，道之动"。就是有德之人，不贪心多欲，而以道德为本，以无为之法处事，才是长生久视之道。

"贵生"，既是个人的事，也是社会的事，因为人是社会的主体，社会由人构成。如果人人追求自利，不顾别人，那么奔走天下的都是利益之徒了。财货可以用来养生，但并不等同于"生"，如果为了追逐财货而伤害生命，就是本末倒置了。在老庄哲学中，贵生即是治身，治身即是理国。自然之道是生养万物的源头，是一种和谐的宇宙秩序，人应效法自然，遵道而行，才

217

是养生之根本。

对于人来说，自然就是顺应生命本身，舍弃烦琐的修饰。生命需要物质，但过于看重物质就会适得其反，这就是"无以生为"要"贤于贵生"的道理。如果人人都追求简单自然的生活，就不会有如此多的贪腐行为存在了。

本章讲治国之道，主旨是反对虐政。统治者横征暴敛，贪得无厌，就会造成民众之饥荒，生活困苦无以为生，这是社会矛盾的根本原因。因此反对残酷盘剥和刑杀镇压的虐政，提出了淡泊名利、清静无为的治国策略。

七十六章　人之生也柔弱

人之生也柔弱①，其死也坚强②。万物草木之生也柔脆，其死也枯槁③。故坚强者死之徒④，柔弱者生之徒。

是以兵强则不胜⑤，木强则兵⑥。强大处下，柔弱处上。

▶ 注释 ◀

①生也柔弱：活着的时候身体柔软。②死也坚强：死了以后就身体僵硬。③枯槁：草木凋败干枯。④徒：指同一种类的事物。⑤兵强则不胜：用兵逞强就会灭亡。⑥木强则兵：树木长大就要被砍伐。

▶ 译文 ◀

人活着的时候筋骨柔软，死后就会变得身体僵硬。草木生长的时候枝叶柔弱，死了以后就变得干枯坚硬。所以，顽固强硬是死亡一类，柔弱灵动的东西才有生命力。

因此，用兵打仗过于刚强就会失败，树木过于干硬就会遭到摧折。凡是强硬的，反而处于劣势；凡是柔弱的，反而处于优势。

刚柔相济

"人之生也柔弱，其死也坚强。"婴儿的骨头很软，年纪越老，骨头越硬。人活着的时候，筋骨肌肉是柔软的。死了以后，身体就变得僵硬了。"万物草木之生也柔脆，其死也枯槁。"这是讲自然现象，柔软脆弱是有生命力的表现，到了死的时候就会变得枯槁干硬了。

"故坚强者死之徒，柔弱者生之徒。"老子强调用"柔"，真是因为它的生命力。坚强的东西可归属为死亡一类，柔弱的东西可归属为有生命力一类。老子通过观察世界，认识到生存着的东西都是处于柔弱状态的，如生长着的草木枝条；而死亡的东西都呈坚硬状态，如干枯的树木。

正在生长的东西都是柔弱的，会渐渐处于优势。走下坡路的东西往往刚强至极走向反面，就像那些自恃强大而用兵逞强的国家一样。治理国家，手段太强硬会适得其反，柔弱的方法才会促进和谐。

"是以兵强则不胜，木强则兵。"用兵打仗，若是过于刚强，就容易遭遇失败，甚至灭亡。坚强的事物无不如此，木头太硬就容易被折断。这句话也可以理解为，做人做事要有韧性，不要太强硬，否则容易受到伤害。最坚固的东西是最柔软的。从事物的外在表现，可以看到它的内在本质。

坚强的东西容易遭受死亡，是因为它显露突出，当外力冲击时，便首当其冲。正如"木秀于林，风必摧之"，树木长得高大了，必然会被风吹折。即便不折断，也容易被人砍伐。人的才能过于外露，也容易遭到忌妒，从而受到打击。老子"柔弱胜刚强"的思想，在书中多次得到体现。

"强大处下，柔弱处上。"坚强的东西常处于劣势，而柔软的东西则处于优势。深藏不露是生活的智慧，过分张扬就会多受风雨。出头的椽子容易烂。有点成绩就张扬显摆，自我夸耀，迟早会吃亏。所以，规避风头，才能走好人生路。

"兵强则不胜，木强则兵""强梁者不得其死"，老子这种与世无争的思想，深刻体现了事物的内在规律，已为无数事实所证明。"过犹不及"，万事万物都有一个"度"的问题，把握适当，恰到好处才能促进发展。低调做人，便可峰回路转。当处于不利地位，或者危险之时，不妨先退一步，这样做不但能避开锋芒脱离困境，而且还可以另辟蹊径，重新占据主动。

　　本章阐发了老子思想中的贵柔戒刚思想。无论人或草木，柔弱标志着成活，僵硬标志着死亡。所以，为人处事要以柔为本，避免过于刚强的一面。

七十七章　天之道

天之道^①，其犹张弓与！高者抑^②之，下者举之；有馀者损^③之，不足者补之。天之道，损有馀而补不足。人之道^④则不然，损不足以奉有馀。孰能有馀以奉天下？唯有道者。

是以圣人为而不恃，功成而不处^⑤，其不欲见^⑥贤。

▶ 注释 ◀

①天之道：自然界的客观规律。②抑：压低。③损：减少。④人之道：人类社会的法则。⑤处：占有，享有。⑥见：表现。

▶ 译文 ◀

天之道，不就像那拉满的弓弦一样吗？弦位高了就压低一些；弦位低了就抬高一点。弓弦太长了，就让它短一点，不够长就把它补足。天之道，是减损有余的，来弥补不足的。人之道，就不是这样了，它是掠夺不足的，用来供奉有余的。谁能把有余的拿来供奉天下？只有那些有道的人才能做到。

因此，圣人有所作为而不自恃功劳，有所成就而不居功自傲，他不愿显露自己的贤能。

损有余而补不足

"天之道，其犹张弓与！"自然界的法则，就像拉弓射箭。"高者抑之，下者举之"，瞄准目标，若是太高了就要压低一点，太低了就要抬高一点。

"有馀者损之，不足者补之。"天道是公平的，有余的地方会加以减损，不足的会适当增补。这就是"天之道"的真谛，"损有馀而补不足"，减损"有馀"以弥补"不足"。老子总结的这一自然规律，体现了对立统一的辩证法思想。"一阴一阳之谓道"，世间万物在相互对立的矛盾中，又具有统一性。比如日月更迭、寒来暑往，都是具体的体现。这种均衡统一，既不是外力作用，也不是人为造成，而是自然而然，由自身运动表现出的一种互补。

"人之道则不然，损不足以奉有馀。"人类社会的现实规则，和"天之道"恰恰相反，不像自然法则那样均衡合理。对于世事，人们喜欢锦上添花，喜欢损人利己，甚至更有损人不利己的。

不足者受损，有余者受益。这是到处可见的社会现象，很不公平、极不合理。老子面对贫富对立、阶级压迫，无疑是深恶痛绝，极力加以排斥的。他希望人类社会回归自然，然而始终不能被推行。

在老子看来，损有余而补不足，这是自然规律，是"天之道"。但人们建立的法则却与之相反，"损不足以奉有馀"，有利于富人而有损于穷人。"天之道"，给世界带来宁静与和平，而"人之道"则使穷人濒临"民不畏死"的绝境。老子反对贫富不均的社会现实，希望富有者去帮助民众。这显然是不能为统治者所接受的。"不患贫而患不均"，所以，人类历史在一定条件下会发生大变乱，不是没有原因。

"人之道"与"天之道"始终背道而驰。这是老子的无奈，恐怕也是我们的无奈。也许，这个社会最真实的一面是让强者更

七十七章 天之道

223

强，弱者更弱。没人会来损余，也没人补不足。当然，"有馀"和"不足"是相对的，从长远来看，总会得到某种均衡，以维持社会的发展。

"孰能有馀以奉天下？唯有道者。"有道的人会把有余的物资分散给他人。就像现在的"慈善基金""希望工程"，不失为一种救济弱者的途径。有道的人，言行合乎规矩，思想不放逸，做事认真，但又不执着。不违天道，道德无失。这实在是点睛之笔。

"是以圣人为而不恃，功成而不处，其不欲见贤。"这句话是对"功遂、身退，天之道"的阐释。在外面做事，无论为家还是为国，都不要把自己的成功看得很了不起。有了功劳，有了名誉要想着大家，要懂得何时让自己退下来，才能长远发展。

尽管如此，"有馀"与"不足"，是现实世界的一种常态。佛教称"婆娑世界"，即美丽又遗憾。这个世界不是圆满的，永远都会存在着缺陷和不足。世界就在不断的损失和填补之中轮流转换，这是更进一层的辩证法思想了。

其实，"人之道，损不足以奉有馀"，与西方的"马太效应"异曲同工。"马太效应"指强者愈强、弱者愈弱的社会现象，典出《圣经·新约》："凡有的，还要叫他多余；没有的，连他所有的也要夺过来。"这与"平衡之道"相悖，与"二八定则"类似，是十分重要的社会法则。

从另外一个角度看，所谓强者愈强，弱者愈弱，一个人如果获得了成功，什么好事都会找到头上。立身处世，不应怨天尤人，最大的敌人就是自己。态度积极主动执着，就会赢得财富，获得财富后更加主动，如此循环，才算是符合了"马太效应"的积极一面。

七十八章　柔弱于水

　　天下莫柔弱于水，而攻坚强者莫之能胜，其无以易之①。弱之胜强，柔之胜刚，天下莫不知，莫能行。

　　是以圣人云，受国之垢②，是谓社稷主③；受国不祥④，是为天下王。正言若反。

▶ 注释

　　①无以易之：没有什么可以取代它。易，取代。②受国之垢：承受国家的耻辱。垢，耻辱。③社稷主：国家的统治者。社本指土地神，稷是谷神，古代帝王要祭祀天地，社稷成为国家的代称。④不祥：指灾难。

▶ 译文

　　世上的事物没有比水更柔弱的，但攻坚克强，却没有什么能胜过它，这是因为没有什么能真正改变它。弱能胜强，柔能胜刚，天下没有不懂得这个道理的，却没有人去真正实行它。

　　因此，圣人常说："承受国家的耻辱，才配做国家的君主；承担国家的灾难，才配做天下的君王。"这些正确的话，听起来却像是反话一样。

以柔克刚

　　"天下莫柔弱于水，而攻坚强者莫之能胜，其无以易之。"

水是天下最为柔弱的事物，但不断地流淌下去，最为坚硬的事物也会被它战胜，这是因为没有什么能真正改变它。

"弱之胜强，柔之胜刚。"这个道理大家都知道，却没有人能够去实行。老子思想中的一个重要观点就是"柔能克刚"，这和前面"天下之至柔，驰骋天下之至坚"所阐释的道理相同。谚语"水滴石穿"，也概括了自然界这一神奇的现象。洪水泛滥时那种淹没田舍、冲毁堤岸的势头，更是任何坚强的东西都阻止不了的。柔能克刚，可以说是自然界的一条法理。但是，这一条自然法则放到人事上，却总是不被人们看好。现实社会，到处都是争强好胜的例子，人人喜欢自以为聪明，显露自己刚强优势的一面。这并不符合老子的处世之道。

"受国之垢，是谓社稷主；受国不祥，是为天下王。"所以圣人说，作为社稷的主人，要想成就功业，就要担负民众的痛苦，承担全部的责任。如果能做到"受国不祥"，担起全国的灾祸，那就是天下之王了。

柔弱的东西必然能够战胜刚强的东西，这是老子所坚信的。当然，老子所说的柔弱，是柔中带刚、弱中有强，有韧性，有原则。所以，对于"柔弱似水"的理解，不能停在字面上，应有所深入体会。

由此推而广之，老子认为，为政者就应该像水一样，甘愿处于卑下柔弱的位置，对国家实行"无为而治"。因为认为这种卑下柔弱的品德，表面看起来，好像处于被动和劣势，却往往占据主动，处于优势。因此作为天下之主的君王也应像水一样，承担国家的一切屈辱和灾难，好像地位最低，却可以永远保持统领地位。

"正言若反"，正确的话却被当作反话。可见，人人都不是这样做的。老子通过观察自然现象，总结出了事物之间的对立关系，相反相成的原则。"大成若缺""大盈若冲""大巧若拙""明道若昧""上德若谷""大象无形"等，都是对这一原则的具体表述，充分体现了老子的朴素辩证法思想，也就是对立统一规律。

七十九章　天道无亲

和大怨①，必有馀怨，安可以为善？是以圣人执②左契③，而不责④于人。有德司契⑤，无德司徹⑥。

天道无亲，常与⑦善人。

▶ 注释 ◀

①和大怨：调解大的仇怨。大，深重。②执：持有，拿着。③契：契券，竹木制成，借贷钱粮所用，相当于现在的借条。中间刻横，并记财物名称数量，分为两片。索还时，以两契相合为凭。④责：通债。用作动词，索还财物。⑤司契：掌管契据的人。⑥司徹：管理税收的人。⑦与：帮助。

▶ 译文 ◀

调解大的仇怨，必然会有难以消除的余怨，有余怨的人会以怨报德，这哪里算得上完善？因此，圣人依照契约，凭着大的原则做事，而不求全责备。有德的人监察契约的订立与履行，无德的人则会苛刻计较主管税收。

自然的法则是没有亲疏之别，没有偏爱之心的，为善的人常因自己的作为而得到帮助。

不求至善尽美

本章讲述治国之道，重点论述天道无亲的思想。如果统治者对于人民没有亲疏之别，没有利害之心，没有贵贱之分，不压榨不伤害，那还有什么怨恨需要解决呢？因此圣人遵循自然之道，实行无为而治。因为如果面面俱到，那就什么也做不好。

"和大怨，必有馀怨"，这一句是说深仇大恨是难以彻底调解的，必然会留下余怨。要从根本上解决，就是不结任何仇怨。"人无千日好，花无百日红。"人们都有爱埋怨的心理，不满现实是人的通病。对于莫测的尘世，没有谁是无怨无悔的。要做到样样都好是不可能的，把大怨化解了，那些小怨又会变成大怨了。世人总会以德报怨，怎样才能算是完善呢？

"是以圣人执左契，而不责于人。"所以，圣人并不要求达到天下至善，人人没有怨恨，事实上那是办不到的。是非善恶，并没有绝对的标准，都会因具体情况，因时空变化，以及人为因素而有所不同。"左契"，指大的原则，守住大原则就可以了，不必求全责备。孟子也说："有不虞之誉，有求全之毁。"世上的人常按照圣人的标准去批评对方，要求别人十分严格，但绝不严格要求自己，这都属于"求全之毁"。常有人突然出名，实际上不见得符合事实，叫"不虞之誉"，意想不到的恭维。圣人之道是把握原则，而不苛责于人。

"有德司契，无德司彻。"懂得了这个道理，就是了解"圣人之道"的政治家，只求把握原则，不求刻意管理。司契、司彻，都是周代贵族所任用管理税收和账务的人，只是两者等级不同。司契的人，凭契据来收付，显得从容大度；司彻的人，级别稍低，且总是斤斤计较，唯恐漏收，不肯饶人。老子认为，为政不能积怨于民，用苛税和刑罚来压迫人民，都会招来怨恨、不满。所以，理想的政治是"执左契而不责于人"，即对待百姓要宽容，不追迫，不干扰，而要以"德"去感化。不讲道德的统治就是到处设置规则，对老百姓处处加以钳制和管理，这也是无德之人的通常做法。

八十章　小国寡民

小国寡民①，使有什伯之器②而不用，使民重死③而不远徙④。虽有舟舆，无所乘之；虽有甲兵⑤，无所陈之；使人复⑥结绳⑦而用之。

甘其食，美其服，安其居，乐其俗。邻国相望，鸡犬之声相闻，民至老死不相往来。

▶ 注释

①小国寡民：使国家小，是人民少。②什伯之器：各种各样的器具。什伯，什佰。③重死：以死为重。④不远徙：不朝远处迁移。⑤甲兵：铠甲和兵器。⑥复：再。⑦结绳：指没有文字以来，人们在绳子上打结用以记事。绳结的打法不同，看形状便能知道。

▶ 译文

国家要小一点，人口要少一点。使人们有各种器具，也不使用。使人们珍惜生命，不向远方迁移。虽有舟船车马，也不去乘坐。虽有武器甲胄，也不拿来陈列。使天下回到结绳记事的年代。

人们都认为自己的饮食甘美，衣服漂亮，住得又安适，满意于风土人情。尽管可以看到相邻的国家，鸡鸣狗叫的声音也听得清楚，但直到老死也互不往来。

老死不相往来

"小国寡民"，是老子理想的社会形态，是对当时各诸侯国推行"广土众民"政策的不满，由此产生了对原始社会自然生活的向往之情。在那样的理想社会，秩序、人伦、道德等，都不需要刻意维持，只靠人们淳朴的本性就可相安无事，所有纷扰焦虑、痛苦不安都被安详宁静、淳厚质朴所取代。

老子所说"小国寡民"中的"国"，并不是指后来整体国家的概念，而是指地区性的划分。从先秦直到三国并立仍是如此，到了唐太宗时，还用"诸侯治国"的制度，派人到地区管理。所以，"小国寡民"这个"国"，是"地区"的意思。所以，"小国寡民"就是地方自治，要一个国家天下太平，必须使人们物质生产丰富，能够自足自立，整体道德才能提升，然后才能自由自主，达到天下太平。

"使有什伯之器而不用，使民重死而不远徙。"有了好的物质文明，大家对生命看得很重，所以不愿冒死，只愿过着平安的居家生活，不想离开家乡到太远的地方。所以"虽有舟舆，无所乘之"，虽有良好的交通工具，并不去乘坐，以免惹来灾祸。以现在来说，虽有高铁比较方便，但如果没有要紧的事，还是不去乘坐为好。

"虽有甲兵，无所陈之；使人复结绳而用之。"虽然有武器甲胄，也没有陈列的地方。使人们过着原始淳朴的生活，饮食甘美，穿着暖和，住得舒服，社会安定，和睦相处。这就是"邻国相望，鸡犬之声相闻，民至老死不相往来"。

舟车有利于交通，也带来危险。武器能够保证安全，也带来灾难。文字有利于交流，也造成纷争。技术和进步，即使具有价值，却仍然可能造成贫穷、黑暗，以致邪念滋生、盗贼蜂起。

老子对"小国寡民"的政治设想，是对当时混乱社会的政治反思，虽然略显偏激，仍有一定的积极意义。春秋战国时期是个动荡的时代，连年混战，民众身处水火之中，绝非幸事。正因如此，老子才主张"小国寡民""民至老死不相往来"，目的是求得生活的安稳。

老子并非无原则地反对技术和进步，只是在短期效益和长久灾难之间，老子选择了后者。所以，他强调"无为"，认为只有这样，社会才能自然发展，达到它自己的目的。技术实现欲望，欲望又引发新的技术。得到了科技进步、物质富足，却也失去了青山绿水、生活质朴。安逸的生活使健康受损，物质的浪费更是触目惊心。问题不在于技术本身，而是在于对技术的运用。这大概是老子所未曾考虑到的。从这样的角度审视和处理人与自然的关系，也许不该发生的灾害和不幸就可以避免。这对于现代社会的管理，也具有启发性，不过多干涉自然，让社会健康发展，应该是社会文明发展的一个重要方面。

现在，我们倡导以开放的胸怀面对世界，让不同的文化进行交流。这与老子所处的时代，已不可同日而语。从这个角度看，老子的观念似乎有些保守。而实际上，老子所说的"小国寡民"，更多的是对社会和谐、生活安稳、内心宁静的一种诉求。

233

不要总和他人比较，否则就会心理失衡，神情抑郁。真正的幸福和心灵的宁静分不开，就是老子所说"甘其食，美其服，安其居，乐其俗"。享受物质生活的同时，不远离内心的质朴和宁静。

本章讲治国之道，阐述了"小国寡民"的政治理念。这是老子虚构的理想社会形态，目的是避免统治者对人民的压榨和盘剥，以及战争给人民带来的种种伤害，一切都回到远古之时的单纯质朴。这种理想虽然给人以美好的启迪，令人向往，但终究是空中楼阁，难以搬到现实中来。或许，我们可以期望于物质文明和精神文明得到更好发展的将来。

八十一章 信言不美

信言①不美，美言②不信。善者③不辩，辩者④不善；知者不博⑤，博者不知。

圣人不积⑥，既以为人，己愈有⑦；既以与⑧人，己愈多。天之道，利而不害。圣人之道，为而不争。

▶ 注释 ■

①信言：真实的话语。②美言：华丽的言辞。③善者：会说话的人。④辩者：能言善辩的人。⑤知者不博：真有知识的不广博。⑥积：保藏、保留。⑦有：富有。⑧与：给予。

▶ 译文 ■

真实的话语不华丽，华丽的言辞不真实。善言的人不巧辩，巧辩的人不善言。真懂的人不广博，广博的人不会真懂。

圣人无所保留。全力帮助别人，自己反而更充实。全力给予他人，自己反而更富有。天之道，有利于万物而无害；圣人之道，帮助他人而不争夺。

为而不争

本章是《道德经》的终结篇，上面一章提出了小国寡民的美好构想，这里论述了"利而不害，为而不争"的道理，将天道、人道、修身、处世、治国联系到一起，作为全书的概括性总结。

"信言不美，美言不信。"真实的话不动听，动听的话不真实。这从实际生活中，可以屡屡印证。那些老实人所说的实在话，由于朴实无华，往往不会动听；动听的话，往往有所伪饰，不够真实。

老子通过列举信与美、善与辩、知与博三方面的对立，说明了事物的外在形态与内在本质往往不一致，甚至恰恰相反。真假、美丑、善恶，人们往往看重表象，看不透或不愿直面真实，因此老子才以哲学上的对立来揭示这个矛盾。与前面提出的"大智若愚""大巧若拙""大辩若讷"等，意思是相通的。

"善者不辩，辩者不善"。会说话的人不卖弄口才，卖弄口才的不是真会说话。"知者不博，博者不知。"真有知识的不广博。知识越专业就越窄，广博的人往往难以在某一领域有所深入。所以，"圣人不积"，圣人没有私心杂念，不存在占有之心，不积累财物，而是尽力帮助别人。同时自己也获得内心的充实。

"不积"是圣人之心。"积"是凡人之心，是对世俗贪欲的总结。人们皆有占有欲，不仅好言、好辩、好博、好争，而且贪多积厚。比如名利、钱财，都是希望越多越好，以满足个人享受。岂不知天下之物，取之不尽、用之不竭，皆为大道所生，是为了利益众生，而不是为了个人。物性在于流通，人为积聚占有，违背了天道，终会引来祸患。

古语"积财如积祸"，就是这个道理。所以，圣人明白天之道，不会争夺名利，也不会积聚财物，而是以己有之财尽施于人。以己之有，为人之有。帮助别人，给予别人，不仅有益于人，而且有益于己，两相受益。"舍即是得，大舍大得，小舍小得，不舍不得。"有与无，多与少，舍与得，是对立统一的双方，在一定条件下会相互转化。"既以为人，己愈有；既以与人，己愈多。"尽力帮助别人，自己反而会更充实。付出越多，自己就越富有。这就是老子要表达的思想。

"天之道，利而不害。圣人之道，为而不争。"天地生养万物，只有付出不求回报。那些总想占别人利益的，什么都不会得到。自然的规律是有利于物，而无害于物；圣人的法则是施舍于人，而不争夺。二章"万物作焉而不辞"，万物繁衍生长而不阻拦，是天之道。二十七章"常善救人，故无弃人；常善救物，故无弃物"，是不与人争，是圣人之道。

六十八章"善为士者不武，善战者不怒，善胜敌者不与，善用人者为之下。是谓不争之德，是谓用人之力，是谓配天古之极"，善于做将帅的不炫耀武力。善于作战的不会被激怒。善于战胜敌人的不与之相斗。善于用人的谦虚示人，处在对方之下。这就叫"不争之德"，就是利用众人之力，配合天道的行为法则。

人类的私欲与相争，是老子所深恶痛绝的。他的理念和智慧就是：天道是不争的，天道只是利于万物。人应该取法于"道"，学会"不争"。当然，这个"不争"，并不是消极对待世事，而是要人们顺其自然发挥能力。本着自然的心境去作为，这是一种理想的人格。有这样的精神，才是真正做到了淡泊自然，人生也会无牵无挂，没有压力和包袱。

"天之道，利而不害。圣人之道，为而不争。"老子用这样一句话，作为《道德经》的结尾，回味悠长。在我们看来，有着悠远的历史纵深感。年老体衰的他，出关而去，留给我们一个背影，却不忘告诫后世子孙，一定要有点出息。要做有利于人而不做有害于人的事。不要与人争，不要因为争执之心而蒙蔽了真正的内心。要有所作为谋求发展，共同走向一个和谐的新天地。

王家卫所执导电影《一代宗师》中有句台词"念念不忘，必有回响"，是对叶氏咏春拳法传承上的解读。那么，在上下五千年的华夏文化传承中，由谁来回应老子这句含蓄幽远、意蕴丰富的谆谆教导呢？"利而不害""为而不争"，这在我们的内心究竟会掀起怎样的波澜？说者有意，听者亦有心吗？